Cómo evitar amargarse la vida

ROBIN BOOK

Cómo evitar amargarse la vida

Brenda Barnaby

éxitos de autoayuda

ROBIN BOOK

Diseño de cubierta: Regina Richling

Ilustración de cubierta: iStockphoto

Diseño interior: Eva Alonso

ISBN: 978-84-9917-336-8

Depósito legal: B-25.599-2013

Impreso por Sagrafic, Plaza Urquinaona, 14 7º 3ª, 08010 Barcelona

Impreso en España - *Printed in Spain*

Índice

Basta de amargarnos

"El éxito en la vida podría definirse como el crecimiento continuo de la felicidad y la realización progresiva de unas metas dignas."

Deepak Chopra

"El camino a la grandeza es un proceso de crecimiento secuencial de dentro hacia fuera."

Stephen Covey

Este es un libro escrito acerca de muchísimas cuestiones pero todas ellas orientadas a conseguir el bienestar que tanto anhelamos.

Recurrí a diferentes autores, no me quedé con una sola idea, corriente o teoría, más bien junté y armé un corpus bastante heterogéneo, con el único fin de hacer más rico el texto.

Hay varios ejes con los que trabajo aquí pero uno de ellos y tal vez el más importante es sobre el hecho de dejar de dramatizar, dejar atrás la vida desde una postura apesadumbrada y negativa.

Hay problemas graves en la sociedad, es evidente, pero estoy convencida de que las cosas que suceden a nuestro alrededor tan sólo son inconvenientes, percances o circunstancias que de una manera u otra pueden resolverse razonablemente.

Podemos ser personajes solitarios, apáticos, nerviosos, enojosos o plenos, alegres, equilibrados, todo depende de cómo traduzcamos y manejemos la realidad, nuestra realidad.

Es necesario, pues, hacer un análisis de nosotros y nuestro contexto para elaborar una estrategia que nos conduzca a ese gran premio que es una vida feliz, tranquila o pacífica.

Decidí, por tal motivo, dividir este libro en tres partes: la primera funciona a manera de introducción. En ella se hace un recorrido por diversas temáticas, más bien diría con carácter de explicación o definición, como por ejemplo, la noción de felicidad, las supersticiones, el manejo de las emociones, lo que son las exigencias, las preferencias y los límites, por mencionar a algunos. Luego, en la segunda, avanzo con propuestas, análisis, reflexiones y sugerencias para comenzar a implementar cambios, a introducir modificaciones en todos aquellos hábitos y conductas poco operativas o directamente inoperantes para nosotros. Y en la tercera y última parte lo que me propongo es ayudarles a manejar los miedos, las frustraciones, a amar y amarnos sin juzgar y sin condiciones, a empezar a ver la vida con más optimismo y alegría, a aceptar lo que somos y como somos y aprender a cambiar a crecer, teniendo en cuenta nuestros límites, sin prisa pero sin pausa. De este modo, a medida que avancemos con la lectura iremos construyendo un nuevo paradigma una nueva forma de ver, vernos y actuar.

Animarse a cambiar ya es un paso gigante y si a ello sumamos tiempo, dedicación y esfuerzo, el éxito está garantizado. Éxito en cuanto a nuestro desarrollo y maduración como seres humanos se refiere, por supuesto.

¿Se puede definir la felicidad?

¿Más vale malo conocido que bueno por conocer?

Es fantástico tener rutinas ¿no? Resulta muy cómodo ir por la vida con el piloto automático y tener a siempre a mano respuestas y reacciones estándar. Pero esa comodidad y seguridad que sentimos no son reales sino aparentes. Nos evitan el esfuerzo de razonar, de pensar y de esforzarnos. Los costes que se pagan son muy altos. Nos volvemos seres desconfiados, iracundos, cansados, sin esperanza… ese es el precio de la inestimable rutina.

Es fascinante abrir la mente, probar, intentar pequeños cambios… Intenta responder con simpatía, no encolerizarte, aunque sea por un rato, eliminar ese rictus facial de descontento e instalar una sonrisa.

Respira hondo, profundo y ve qué pasa a tu alrededor. Quizá tu contexto no se modifique o tal vez sí, pero tú te sentirás mejor, más relajado y con ganas de encarar esta gran cruzada. Veamos a continuación algo que puede darte más esperanzas:

Dar un nuevo rumbo a la vida

Años atrás, era una persona absolutamente arrebatada por las emociones. No me enojaba, explotaba; si alguien me hacía una pregunta, respondía con fastidio, me quejaba hasta del aire que respiraba; no existía en la faz de la tierra un ser humano que me cayera bien, mis chistes eran hirientes, mordaces; todos mis comentarios estaban cargados de ironía y cinismo. ¡Por Dios! Que nadie se me acercara por la mañana porque no era un ser humano, sino una especie de monstruo gruñón que sólo mascullaba y amenazaba si se le acercaban.

Así era mi vida tiempo atrás... la verdad es que estaba hastiada, pensaba que mi vida ya estaba escrita de esa manera y seguiría así hasta el día de mi muerte y eso no me desesperanzaba y me fastidiaba más aún.

Sin embargo, un día me animé a probar, a dar un paso en otra dirección, a modificar pequeñas cosas en mis actitudes diarias que, a manera de efecto dominó, fueron ejerciendo su magia y convirtiendo, a su vez, otras cosas, hasta que finalmente volvieron a mí transformadas situaciones positivas y alegres.

¿Es posible cambiar?

"Todo lo aprendido puede normalmente desaprenderse."
Albert Ellis

Esta es "la pregunta" común que se plantea en todos los libros de autoayuda. No pertenecería al género un libro que no la contuviera. Y en todos, al igual que en este libro, la respuesta es sí. Es posible hacer cambios en nuestra vida. Es cierto que existen circunstancias en las que al presentarse patologías psicológicas complicadas o graves, es difícil responder bien a esta pregunta. Pero cuando la salud de nuestra psique no se halla fuertemente comprometida y vivimos en condiciones normales y no extraordinarias, los seres humanos podemos cambiar.

Requiere, obviamente, esfuerzo y determinación transformarse, pero no es imposible. Para muchos puede parecer una empresa desalentadora, dado que lleva tiempo y se precisa valor, sin embargo, los resultados son maravillosos.

Yo misma he presenciado infinidad de casos en los que gente de diferentes clases sociales, edades y niveles culturales, han sido capaces de implementar cambios para salirse del camino que los conducía a la desdicha y acercarse a un estilo de vida que los hiciera más plenos y felices.

La propuesta en la que insistiré una y otra vez será abrir

la mente, dejar de ofrecer resistencia a los nuevos conceptos, aprender, animarse a ver otras realidades y otras posibilidades. Si no tenemos esta actitud de nada sirve leer, hablar con otros o ir a terapia, lo fundamental es tener ganas de crecer, deseos de evolucionar para acceder a otros planos de existencia más armoniosos y equilibrados.

En capítulos posteriores haremos juntos un viaje a nuestro yo más íntimo para develar cuáles son nuestros secretos, temores, oscuridades y así trabajar progresivamente sobre ellos. Los ayudaré a descubrir ese potencial que tiene cada uno y cómo emplearlo para lograr este objetivo… vivir bien, sin preocupaciones y felices.

> *“Muchos son escépticos cuando se habla de cambios porque toda su vida han sufrido, lo han pasado mal, pero la buena nueva es que sí se puede cambiar. Créanlo y, sobre todo, trabajen para ello.”*

No hay que ponerse metas inalcanzables

La sobreadaptación es un mecanismo de defensa que está relacionado con una enorme autoexigencia y sobreesfuerzo. Nos lleva a exigirnos cada vez más y ponernos metas más altas e inalcanzables. Esta exigencia produce en nosotros un desgaste tal que trae aparejada una serie de consecuencias observables en el plano físico y psíquico: nerviosismo, depresión, agotamiento, diferentes dolencias en el cuerpo, insomnio, solo por mencionar a algunas.

No es suficiente con rendir un poco o resolver algo, nos obligamos a hacerlo todo, a responder ante toda situación (incluso cosas que nos desagradan) porque creemos profundamente que debe ser así y no de otra manera. ¿Cómo puede ser que no pueda resistir esto? ¿Cómo es posible que me ponga mal ante esto otro? No es normal que me desagrade tal cosa y que no pueda convivir con ella...

Reconocer los límites

Lucía y Javier se conocieron en el mes de mayo, y en diciembre de ese mismo año se fueron a vivir juntos. Él tenía dos hijos, ella ninguno, dado que prefería dedicar, por el momento, su tiempo a su profesión y

pareja. Al principio todo le parecía encantador. La situación era una novedad para ella. Las travesuras de los chicos hacían que se desternillara de risa. Y ciertas actitudes de él, las atribuía al estrés y la flamante convivencia. Con el paso del tiempo, esas travesuras que terminaban en la rotura de un objeto o la mancha de una pared sumados a la falta de ayuda de él, le empezó a producir escozor. Javier cada vez estaba más tiempo con los chicos y menos con Lucía. Ella se repetía una y otra vez que millones de mujeres tenían estos "problemitas" y que si podía llevar adelante toda una oficina tenía que poder llevar adelante ese hogar. Cada vez necesitaba dedicarle más tiempo a la limpieza y a la organización de la casa. Pero no bajaba los brazos. Ella tenía que poder. Su salud comenzó a deteriorarse, cada vez tenía peor humor, las peleas eran el plato de cada día, pero, las peleas fueron el plato fuerte de cada día, pero insistía con ese deber. ¿Qué tengo yo? ¿Cómo no voy a poder con esto? (Fíjense cuántas veces se repite la palabra "deber", o la expresión "tener que".) El hablar con su pareja era imposible. Porque Javier consideraba que él hacía cosas para que el hogar funcionara pero que para ella no era suficiente (y podía ser cierto desde su punto de vista). Finalmente, llegó ese día, el de la decisión de no presionarse más, respetarse y reconocer sus límites. Después de todo era un ser humano que podía fallar, cansarse y fastidiarse y hasta no tener la fortaleza que otros tenían. Por otro lado, no tenía obligación de ser una supermujer, era como era, había dado lo mejor de sí misma y si eso no era suficiente, pues bien, a intentarlo por otro lado.

Finalmente, después de varias tentativas y ver que era imposible que se entendieran, por un lado, y la comprensión de que había cosas a la que ella no podía responder, por otro, decidió encarar la separación. No fue tirar todo por la borda, fue comprender, llegar a ese estado de autoconocimiento y reconocimiento suficiente como para aceptar cómo se es y hasta dónde se puede llegar, que había cosas que escapaban a su alcance y que por lo tanto las debía dejar ir. De nada servía ese esfuerzo diario y autosacrificio porque no hacía otra cosa que lastimarla y lastimar a los que tenía a su alrededor. De modo que la mejor opción fue la separación y la propia aceptación de las limitaciones. En eso consiste la madurez. En aceptarse como se es. No se trata de deshacerse de todo cada vez que algo sale

mal o no nos gusta, ni de huir, sino más bien, de adquirir una claridad tal que nos haga vislumbrar qué nos hace bien o mal y hasta qué punto podemos llegar.
Límites, límites, todos los tenemos... hay que aceptarlos y aprender a vivir con ellos.

Imperativos culturales

"La cultura es algo que se aprende. (...) Los objetos materiales que crean los hombres no son, por sí mismos, cosas que los hombres aprendan. (...) Lo que aprenden son las percepciones, los conceptos, las recetas y habilidades necesarias: las cosas que se necesitan saber con el fin de que cumplan las normas de sus compañeros."

Ward H. Goodenough, Cultura, lenguaje y sociedad

Veamos solo alguna de esas premisas que tanto nos condicionan:

- Prohibido decir: ¡No aguanto más a mis hijos!
- No eres mujer hasta que eres madre.
- Si quieres conservarlo arréglate mucho y todo el tiempo.
- Los hombres deben ser más fuertes que las mujeres.
- Los hombres no lloran ni deben mostrarse sensibles.
- Hay que tener muchos amigos, si no, es que no eres bueno o no eres amado.
- Si no ganas mucho dinero eres un fracasado.
- Debo tener un físico excelente.
- La ropa debe ser de marca, si no parezco pobre.
- Al menos debo parecer que gano mucho dinero.
- Debemos tener una fuerte personalidad.
- Debemos poseer un carácter fuerte.

- Cuanto más sexo mejor (no importa la calidad).
- Mi hijo no puede hacer las cosas de casa, mi hija, sí (a ver si el nene se me hace "rarito").

Según Ward Goodenough, la cultura es algo mental, a saber, son todos aquellos conocimientos que se tienen para comportarse de manera adecuada y conforme a las normas de una sociedad. La cultura abarca, entre otras cosas, costumbres, normas, modas, estilos de vida de un grupo social, en una determinada época y lugar. Esta guiará y dictará qué está bien o mal, es bello o feo, exitoso o fracasado; y, justamente, los medios de comunicación se ocupan muy bien de difundir esta ideología (al servicio del consumismo) e inculcarla en cada una de las personas que ven o escuchan sus mensajes publicitarios.

Estas "órdenes" limitan nuestras opciones, nos indican qué hacer y señalan maliciosamente a quienes quieren escapar de sus garras. Nunca fue tan flagrante y dominante el "mandamiento" cultural, que exige gozar, ser hermosos, exitosos y obedientes.

La mujer debe ser femenina, el hombre, masculino. Esto implica que la mujer debe venir al mundo con neuronas especiales para dominar la cocina, saber de productos de limpieza, querer tener hijos, tener paciencia a prueba de bala, tener unos modales y una imagen personal impecable a pesar de que deba lidiar con dos niños y un trabajo de diez horas. Debe ser portadora de un carácter lo suficientemente noble como para soportar todos los retos que le den en la oficina y además, sin perder ningún tipo de gracejo, ser bella, joven y esbelta.

El hombre, por su parte, si es masculino, no debe hacer demasiadas tareas en el hogar porque eso corresponde al reino femenino, no debe llorar si ve una película romántica, si tiene una familia que mantener no puede flaquear o deprimirse porque eso es de "débiles". Y si pierde el trabajo se siente poco menos que un inútil porque no puede mantener a sus hijos. Un verdadero hombre es el proveedor.

Yo me pregunto… ¿en qué momento del mundo se plantearon estas reglas? ¿Cuándo el ser humano se volvió tan sádico? ¿En nombre de qué pusimos estas normas que ciñen a las personas y quebranta su libertad? Millones de seres humanos toman pastillas, hacen terapia, fuman, enferman, se estresan porque no encajan con esos moldes preestablecidos. Por qué no plantearse que no DEBEMOS SER como nos enseñaron o como nos muestran ciertos estereotipos en los medios de comunicación. Por qué no podemos pensar que es posible ser de otra forma, aceptar que se puede ser feliz sin esas imposiciones. Si llegamos a comprender estos cuestionamientos podremos derribar esos muros que tanto nos oprimen.

Podemos cambiar, está comprobado

Sigo con las buenas noticias: estudios científicos (no elucubraciones o suposiciones) en el campo de la neurociencia confirman que el cerebro, además de ser un órgano altamente complejo, también es dinámico, es decir, no permanece inalterable a través del tiempo; muda, modifica sus funciones, sus conexiones.

Las experiencias y diferentes tipos de estimulación hacen que la sinapsis mejore y por lo tanto se produzcan modificaciones en nosotros. Comento esto para reforzar lo que decía anteriormente: cambiamos todo el tiempo, podemos cambiar, es posible. Por suerte, los humanos somos como arcilla que adquiere diversas formas de acuerdo a cómo se la moldee. Podemos convertirnos en maravillosas obras de arte o pequeñas piezas sin gracia.

Está claro, pues, que si nos abandonamos a nuestros pensamientos, nos dejamos llevar por nuestras viejas estructuras sólo haremos más de lo mismo; en cambio, si nos enriquecemos con nuevas vivencias, nos esforzamos por modificar actitudes y creencias, tarde o temprano nuestra mente cambiará, nosotros cambiaremos y nuestra forma de vida también.

El neurocientífico Michael M. Merzenich del Hospital clínico de la Universidad de California en San Francisco afirma que el cerebro cambia según lo "empuje" la experiencia, el aprendizaje, las vivencias; y esta facultad del cerebro para reconfigurarse por sí mismo tiene consecuencias muy importantes. Hace que, al modificarse, actuemos de manera diferente, reaccionemos de otra forma, vivamos con otros parámetros.

Tal y como hace un ordenador, si al cerebro le cambiamos la información que procesa normalmente, en consecuencia, el cerebro cambiará. De acuerdo con esto, entonces, nuestro cerebro puede remodelarse en el transcurso de nuestra vida, sin drogas ni intervenciones quirúrgicas, sino a través de aprendizajes.

"Hay pensamientos, valores, normas en cada persona que se encargan de manejar nuestra cotidianeidad. Si prestamos atención y estamos alerta, cuando se manifiestan, tendremos poder para actuar sobre ellos y manejarlos (en cierta medida). Y, con el tiempo, esto que nos demanda atención y paciencia, se hará más automáticamente. Esta práctica a través del tiempo hace que modifiquemos nuestro comportamiento y creencias. Es todo un ejercicio."

¿Es todo tan lineal en nuestra mente?

"Lejos de preceder el objeto al punto de vista, se diría que es el punto de vista el que crea al objeto."

Ferdinand de Saussure

Todos creemos que cada cosa que nos sucede produce de manera lineal y directa un efecto determinado: angustia, enojo, alegría, tristeza, etc. Pero lo cierto es que entre ese hecho externo y lo que sucede a continuación hay todo un proceso de interpretación.

Por ejemplo: mi pareja llega del trabajo y me dice que necesita estar a solas, en silencio, y que por favor no le hable. Yo podría enojarme o preocuparme por mencionar dos reacciones nada más. Podría interpretar que soy una molestia para ella, que en vez de ofrecerle paz en realidad la estoy presionando, y eso inevitablemente me llevaría a un estado de decepción e ira. También podría pensar que está muy alterada por una situación laboral y que no quiere preocuparme, que necesita tiempo para resolver un problema puntual; esperaré a que se sienta mejor y luego veré en qué puedo ayudarla.

¿Se dan cuenta cómo la interpretación puede generar

sobre una realidad dos resultados completamente diferentes? Con la segunda interpretación, en vez de enojarme o decepcionarme, querré apoyarla cuando me lo solicite. ¿Se entiende? Y justamente aquí es donde, por lo general, solemos fallar. Sacamos conclusiones rápidamente, deducimos cosas erróneas, procesamos mal la información, con lo cual, terminamos peleándonos, sintiéndonos mal, pensando que ya no nos quieren, que ya está todo perdido y todo tipo de pensamientos que no tienen ni pies ni cabeza.

Por todo esto es fundamental aprender a manejar esas interpretaciones de otra manera, llevarlas por otros derroteros, aplicar otra lógica, dejar de jugar a los adivinos, porque lo más probable es no tener idea de lo que está pensando y sintiendo la otra persona. Es mejor, antes de juzgar, detenerse, reflexionar y esperar para llegar a conclusiones más lógicas y funcionales.

Ya veremos en los siguientes capítulos cómo manejarnos con nuestras creencias e interpretaciones.

“Antes de cada reacción hay una interpretación, por lo general, con tintes catastróficos, terribles, pesimistas, y esas interpretaciones se forman sobre la base de una estructura o creencias construidas a través de los años. Recordemos: el problema no son los hechos que nos rodean, sino los anteojos con los que miramos al mundo.”

Verdades y falsedades sobre la felicidad

Miren qué hermosas palabras le podríamos dedicar a la felicidad cuando estamos en esos momentos lúgubres y entristecidos:

"¡Quédate siempre conmigo, toma cualquier forma, vuélveme loco!, pero ¡por favor! no me dejes en este abismo donde no puedo hallarte."

Esto lo dijo el personaje Heathcliff en Cumbres Borrascosas, la famosa novela de Emily Brontë.

El verdadero significado de la felicidad

Rosa es una vecina que conozco desde pequeña. Siempre vivió frente a mi casa, jugué con sus hijos, conozco toda su historia. Nunca la vi vestida lujosamente, luciendo joyas, conduciendo coches de importación o haciéndose una liposucción o lifting. Jamás se tiró en paracaídas desde una montaña, nunca fue a bucear al Caribe, no experimentó con el puenting, ni se arrojó desde un risco al mar, tampoco practicó snowboard. No intentó ser wedding planner, coaching ontológica, analista de sistemas corporativos o astronauta. Sólo estuvo interesada por

tener un trabajo, querer a su marido, tener hijos y brindarles los cuidados necesarios y tener un techo para vivir. Ella es feliz. Se la ve feliz. Para ella la felicidad es su familia, cocinar, ir a la casa de sus amigas para conversar un rato.
ESE ES EL VERDADERO SIGNIFICADO DE "SU" FELICIDAD.
NO HAY UNA MISMA FELICIDAD PARA TODOS.

Definamos pues, qué es la felicidad.

¿Existe una definición de lo que es la felicidad?

Definir qué es exactamente la felicidad es un imposible. Sí se pueden hacer aproximaciones y esa es una de las tareas más controvertidas y complicadas, ya que para todos no se experimenta de la misma manera. A nadie se le puede decir cómo debe ser feliz. Y en estas últimas épocas, nos hemos lanzado a una búsqueda desenfrenada de la felicidad como meta o fin, sin embargo, con el correr del tiempo he llegado a comprender que todos los estados son momentáneos, la angustia, el dolor, la felicidad, duran tan solo minutos, horas o días, pero no es algo constante y permanente. Sí es probable lograr una vida donde lo que prevalezca sea la armonía y equilibrio, pero el resto, insisto, son momentos.

¡Qué locura! Podemos sentirnos felices o tristes en las situaciones más increíbles o ridículas en las que podamos pensar. Vi hombres llorar porque dieron un pequeño golpe con su coche y a una familia reírse y alegrarse en medio de un aparatoso accidente porque a pesar de todo salieron vivos y sin un rasguño.

Por tal motivo... es tan difícil ofrecer una definición sobre la felicidad, que sería incurrir en un error intentarlo.

Después de muchos días de lluvia, ver salir el sol da felicidad a las personas. Estar una semana estornudando y tosiendo y de pronto poder respirar bien también puede hacer feliz a una persona. Llegar a un evento bien vestido, con la ropa impecable, el perfume adecuado, el pelo perfectamente peinado... eso también puede hacer feliz a más de uno. Levantarse, darle un beso a la pareja y que el otro te brinde una sonrisa y te abrace, eso también es felicidad. Tras una intensa jornada de trabajo llegamos a casa, nos damos un baño y nos ponemos el pijama favorito, calzamos las zapatillas más estimadas y nos acostamos bajo las sábanas más queridas, eso también puede dar la felicidad.

Por eso... hay que vivir la vida, pero teniendo siempre presente que todo cambia, nada es permanente. Si llegamos a esa comprensión y aceptación, vivir será hermoso.

Las dos sortijas[1]

Un hombre rico, al morir, deja una importante herencia. Sus dos hijos la reparten equitativamente. Sin embargo, después de un tiempo, hallan un paquetito que había sido guardado celosamente por el difunto. Al abrir ese paquete se encontraron con dos anillos: uno de ellos tenía un enorme diamante, en cambio el otro era una sencilla sortija de plata. El hermano mayor, dominado por la avaricia, al ver semejante tesoro le dice a su hermano menor:

–Como soy el primogénito me corresponde quedarme con el anillo más valioso.

–De acuerdo, le responde el hermano, me parece justo. Y ambos se retiraron, cada uno por su lado, con sus respectivas sortijas.

Después de varios meses, al menor se le ocurrió preguntarse por qué el padre había guardado tan cuidadosamente ese anillo de plata ya que no parecía tener el aspecto de una joya, por lo cual, comenzó a examinarlo, y en su interior pudo leer: "esto también cambiará".

Mientras el tiempo transcurría, ambos hermanos vivían tiempos de alegría y otros de tristeza, de

1- Adaptación del cuento "Las dos sortijas", *Antología de cuentos de la India y Tíbet*. Recopilación de Ramiro Calle, Edaf, 1997.

bonanza e infortunio. Sin embargo, los cambios en la vida comenzaron a desequilibrar al hermano mayor, porque se entusiasmaba muchísimo cuando las cosas iban bien, pero se entristecía y caía en depresión cuando las circunstancias no le eran favorables. Estas fluctuaciones lentamente comenzaron a socavar su salud, a convertirlo en un ser nervioso, preocupado, opaco, solitario. De nada le había servido recibir una fabulosa herencia, había perdido su capacidad de disfrute. El hermano menor, en cambio, a pesar de haber pasado por momentos de prosperidad y otros menos favorables, había tenido siempre presente esa inscripción que tenía en su sortija "esto también cambiará". Con lo cual siempre había tenido una actitud equilibrada tanto ante lo bueno como lo malo. No se apegaba ni a lo placentero ni a lo desagradable porque sabía que todo era pasajero. Para él lo importante era vivir en paz y equilibradamente.

Y esa fue "su" felicidad.

Sobre las emociones

"El hombre que controla a un grupo es importante; un hombre que controla masas es influyente, pero el hombre que se controla a sí mismo es poderoso."

Anónimo

Qué llamativo es ver todo el tiempo y en diferentes lugares las consecuencias del mal manejo (o directamente no manejo) de las emociones. Discusiones, peleas, malos entendidos, ira, todo producto de la comunicación incorrecta, llevada de la mano de emociones altamente negativas y algunas, hasta nocivas. Familias divididas, parejas rotas, seres humanos que se hallan al borde del abismo por no poder controlar ese impulso feroz.

Frente a esta realidad se hace necesario preguntar: ¿es posible manejar las emociones? ¿Transformar esas emociones negativas en emociones más funcionales o positivas para uno y para los demás? ¿Podríamos lograr mantener el buen humor (o la buena onda, por llamarla de alguna manera) en circunstancias poco favorables?

Obviamente la respuesta es sí. La solución a las malas relaciones, a las reyertas, broncas, humores desagradables, es el autocontrol. Sí, autocontrol, no represión de las emociones. De nada sirve reprimir emociones, porque tarde o temprano aparecen en otro momento y otro lugar (desubicadísimas) y con mucha más fuerza, dañándonos y dañando a los que nos rodean; y generalmente, en vez de provocar una respuesta positiva, una solución, genera comentarios del tipo: ¿Estás loco? ¿Por qué salió esto ahora? ¿No es algo que pasó hace dos meses? ¿Todo este tiempo te lo tragaste? ¿Por qué no lo dijiste antes?

El autocontrol es una fuerza interior, la capacidad y la inteligencia puesta al servicio de nuestra calidad de vida y de quienes nos rodean, para mejorar nuestras relaciones y vida en general. Todo el mundo posee esta herramienta, pero como requiere disciplina y esfuerzo, la mayoría se deja arrebatar por el torbellino de emociones, la comodidad de dejarse llevar, que lejos de ser una comodidad es una incomodidad que en un lapso determinado se transforma en daño.

Todos los seres humanos poseemos una amplia gama de emociones y todas ellas pueden ser, con cuidado y voluntad férrea, manejadas. No somos sencillos animales que nos dejamos llevar por impulsos. Podemos decidir sobre lo que sentimos y lo que nos pasa.

La idea que quiero transmitirles es que las emociones, lo que sentimos, nuestros pensamientos deben jugar a favor nuestro y no en contra. Somos seres inteligentes, no debemos ser nuestro enemigo.

El autocontrol al principio cuesta, da trabajo, pero con el tiempo se va internalizando y finalmente se convierte en nuestro mejor aliado. A través del control analizamos mejor y reaccionamos mejor, positivamente y con ello maduramos, evolucionamos.

Imaginemos que queremos hacer un bello dibujo y tenemos una caja con un montón de lápices; algunos de hermosos colores, otros no tan bellos y finalmente unos que no tienen ni punta. ¿Usaríamos estos dos últimos? Si así lo hiciéramos no solo arruinaríamos el dibujo sino que no sería muy inteligente de nuestra parte ¿no?

Si bien el manejo de las emociones no es tan fácil como elegir lápices (ojalá lo fuera) es posible hacer elecciones mejores para hacer de nuestra vida una hermosa aventura.

¡Es posible! ¡Intentémoslo!

Insisto… no es fácil pero no es imposible.

Vivir les puede resultar más fácil y gratificante.

Las exageraciones

- Llegar cansados de trabajar y no atender las necesidades de la pareja ni dedicar un momento a los hijos... "¡Por favor! Tuve 10000 problemas para poder llegar a la oficina" (En realidad solo tuvo uno o dos.)
- TODO me sale mal.
- Soy horrible.
- Me manché la camisa con café, toda la gente creerá que soy un dejado. Es horrible.
- Una mujer joven exclamando: "¡Me ha salido una arruga! ¡Me estoy haciendo vieja!"
- El bolso y los zapatos no están conjuntados, es un desastre, no puedo salir así.
- A mí me suceden todas las desgracias.
- El mundo está contra mío.
- Todo está tan caro que no voy a tener dinero ni para comer (lo dice una persona en una buena situación económica).
- No sirvo para nada.
- Te llamé mil veces y no viniste ni me respondiste. ¡No significo nada para ti!
- Hace mil horas que te espero.
- Cometí un error, soy un idiota consumado.
- Siempre a mí, siempre a mí.

Uno de los grandes problemas fundamentales que es preciso erradicar son las exageraciones; ese ánimo de magnificar cualquier tontería, infortunio o circunstancia y categorizarlo como desgracia. Es la manera de elevar un inconveniente a la enésima potencia y convertirlo en algo casi imposible de resolver.

Las exageraciones le dan a cualquier contrariedad ese toque de tragedia que tan agradablemente nos gusta dispensar. Si algo es apenas una molestia no es necesario mirarlo como si fuera un tormento ¿no? Qué acostumbrados estamos a funcionar de esa manera. No es correcto vivir así.

Veamos juntos esto que decía Epícteto ya en el siglo I d. C. (se ve que este tema es más viejo que la humedad):

"Podemos aprender la intención de la Naturaleza respecto a las cosas por medio de aquellas que no nos atañen; por ejemplo, cuando un vecino rompe una copa, en seguida, al oírle lamentarse, piensas que es un accidente vulgar y sin importancia; pues

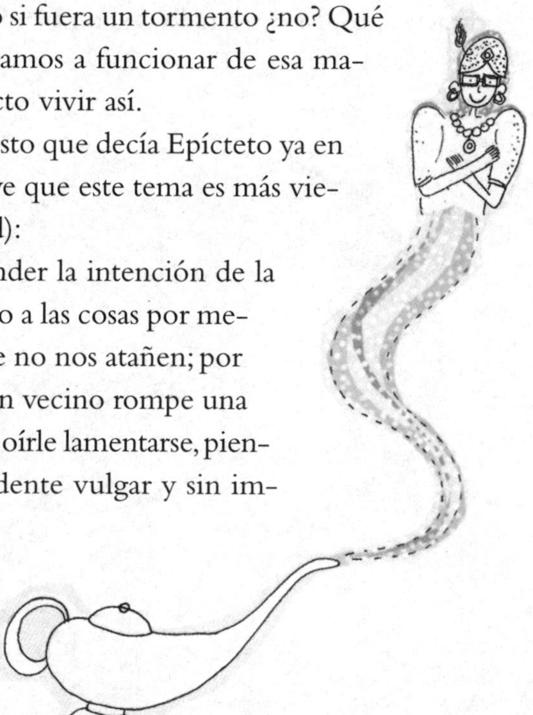

bien, si el percance te ocurre a ti, acostúmbrate a mirarlo con la misma tranquilidad e indiferencia que si se tratase de tu vecino. Y no dejes de aplicar este método aun a las cosas de mayor importancia. Cuando fallece la mujer de otro, en seguida le decimos que no se desespere, ya que se trata de algo inevitable e inherente a la condición humana; en cambio, si se trata de la nuestra, sin escuchar razones y consuelos, nos deshacemos en gemidos y llantos. Pues bien: se trata precisamente de acordarnos en las desgracias propias del estado de conformidad con que miramos las ajenas, si queremos ser menos desgraciados".

Es decir, que para ser feliz y vivir en paz es importante tomarse las cosas de manera más calmada, sin exagerar, sin problematizar demasiado.

Uno de los principios fundamentales de una vida plena y feliz es no dramatizar y vivir más tranquilo sin darle demasiada trascendencia a los acontecimientos de la vida.

Por eso Epícteto recomendaba tener fuerza emocional, fortaleza de carácter para hacer frente a los contratiempos en la justa proporción y medida.

Esto es justamente lo que debemos aprender a hacer... No exagerar, no perder el control, no desesperarnos y magnificar.

> *"Es posible ver las cosas de otra manera, hacer una lectura diferente de las cosas y educarnos para enfrentar los conflictos de manera más equilibrada. Es fundamental tomar las riendas de nuestras emociones."*

Yo tengo mala suerte

Cuántas veces atribuimos a la mala suerte nuestra propia negligencia y abandono, me pregunto. Cuántas veces llamamos mala suerte a situaciones que nosotros mismos creamos. Por eso es tan importante entender que en la mayoría de los casos NO nos cae encima la mala suerte, sino que nosotros mismos la construimos, y que por lo tanto, podemos salir de ese lado negativo de la mala suerte para vivir en el lado positivo de la vida, llamémosla buena suerte; "esa buena suerte" que se construye a conciencia, planificando, organizando, pensando lógicamente para hacer las cosas bien.

De eso se trata la buena/mala suerte, de hacer bien, de medir consecuencias, de ver la forma de hacer las cosas para que nos salgan bien.

> *"Hacernos responsables de nuestra vida, tanto de lo bueno como de lo malo es un paso primordial para madurar."*

¿Seguro que es "mala suerte"?

Recuerdo que un amigo tenía un mes para mudarse del lugar en donde vivía. Cada vez que lo veía le preguntaba cómo iba con la organización de la mudanza, los paquetes, cajas, embalaje, y el respondía, "ya lo haré... ya lo haré, no hay prisa".
A medida que pasaba el tiempo le recomendaba que fuera embalando electrodomésticos y cosas frágiles para protegerlas cuando las subieran y bajaran del camión y las dispusieran en la nueva casa.
El 31 de agosto debía pasar el camión de mudanzas para recoger todo y la noche anterior me llamó para que lo ayudara "un poco", según sus palabras. Cuando llegué a su hogar, no había hecho nada, ni un solo paquete. NADA. Me quedé con él hasta la madrugada haciendo cajas, ordenando aquí y allá. Sin embargo no nos alcanzaba el tiempo para organizarlo todo. Efectivamente, a las 7 de la mañana apareció la gente de la mudanza y ni siquiera la mitad de sus pertenencias estaban listas para cargarse. La ropa se puso desordenada en canastos y bolsas, los cd's, películas, medicamentos, todo iba mezclado en bolsas. La cama y el sillón debieron desmontarlos en aquel momento para poder meterlos en el camión, la nevera, lavadora y horno,

al no ir envueltos en cartón y cinta terminaron con marcas y daños de otro tipo. Toda esta desorganización hizo que una tarea que debía hacerse en tres horas se hiciera en siete. Al finalizar toda la movida, me dijo: "qué mala suerte tengo, se me rompieron cosas y el trabajo me costó el doble".

Creencias irracionales

Me gustaría explicarles este tema de acuerdo con la definición de Albert Ellis: "No son los acontecimientos (A) los que nos producen los estados emocionales (C), sino la manera de interpretarlos (B). No es A quien genera C, sino B. Por lo tanto, si somos capaces de cambiar nuestros esquemas mentales (D) seremos capaces de generar nuevos estados emocionales (E) menos dolorosos y más acordes con la realidad, por tanto, más racionales y realistas".

De este modo, Ellis concibió una serie de creencias irracionales y las reunió en once ideas irracionales básicas:

1. Es imprescindible ser amado y aprobado por cuantos me rodean.

No sólo es hiperexigente y extenuante sino que es imposible. No existe un ser humano que sea aprobado o querido por "todos". Este deseo y necesidad de agradar a todo el mundo produce un comportamiento inseguro y temeroso.

No está mal el desear caer bien y ser amado, pero no debe transformarse en una necesidad. No es lógico esperar que todos nos quieran. Si bien es agradable sentirse amado y aprobado no debe convertirse en condición para nuestra felicidad.

2. Para ser valioso debo conseguir todo lo que me propongo. Si soy una persona valiosa, tengo que ser siempre competente, suficiente y capaz.

El ser humano tiene muchísimas cualidades por las que puede considerarse valioso. Esta valía no depende del éxito o de demostrar "superpoderes".

Es importante poder hacer cosas sin que la meta final sea el éxito. Nadie está exento de cometer equivocaciones.

3. Hay personas viles y malignas que deben ser castigadas por su maldad.

En lugar de pensar así, sería más coherente y beneficioso pensar que los humanos somos seres con muchas limitaciones y que la mayoría de las veces actuamos de manera automática e inconsciente sin una "maldad consciente" o adrede.

Practicar la empatía es la mejor actitud.

4. Es horrible y catastrófico que las cosas no salgan o no sean como yo deseo o quiero.

No hay razón para pensar que las cosas deberían suceder como uno las desea. Cuando las cosas no salen o se producen como las esperamos se puede trabajar para cambiarlas, pero no morir en el intento o frustrarse.

Debemos aprender a convivir con aquello que nos desagrada.

5. La desgracia humana se origina por causas externas, y la gente tiene poca capacidad o ninguna para controlar sus penas y perturbaciones

Cuando experimentamos una emoción dolorosa, es importante reconocer que somos los creadores de dicha emoción y, por lo tanto, tenemos el mismo poder para cambiarla.

Al observar de forma objetiva las emociones se pueden descubrir los pensamientos ilógicos que están asociados con esas emociones.

6. Si algo es o puede ser peligroso o temible, deberemos sentirnos terriblemente inquietos por ello y deberemos pensar constantemente en la posibilidad de que esto ocurra.

Desconozco en qué momento el ser humano decidió que debía preocuparse, cuando lo coherente es ocuparse y punto.

La ansiedad, el temor y la anticipación hacen que no nos enfrentemos bien a un problema, de hecho, tendemos a agravarlo. La preocupación no evita que las cosas sucedan.

La preocupación magnifica la proporción del evento venidero.

7. Es más fácil evitar que afrontar ciertas responsabilidades y dificultades en la vida.

Lo cierto es que el posponer, evitar, dejar de lado y no hacer frente a cuestiones que tenemos que resolver, lejos de hacernos más fácil la vida, la hacen más compleja y producen desagradables consecuencias.

La confianza en uno mismo no refuerza evitando o escapando sino asumiendo retos, responsabilidades, haciendo, cumpliendo.

8. Se debe depender de los demás y se necesita a alguien más fuerte en quien confiar.

No es opción dejar las decisiones propias en manos de otros, porque en ese acto se deja de lado la libertad y la vida misma. Aunque cueste y dé temor es imprescindible hacer nuestras propias elecciones, no importa si se ocurren equivocaciones, lo importante es hacerse cargo de la propia existencia.

9. Mi pasado es determinante de mi presente y de mi futuro.

Lo que ocurrió en el pasado no necesariamente determinará o debe determinar el futuro. El presente se puede construir "lo que sucederá".

El pasado es y fue importante pero no es lo único que determina nuestro camino.

10. Debemos preocuparnos constantemente de los problemas de los demás.

Aunque los otros tengan comportamientos que nos molesten y nos perturben, es importante recordar que la mayor fuente de nuestro enojo no proviene de su conducta sino de lo que nos decimos a nosotros mismos sobre tal cuestión.

Enojarnos por la conducta de los demás no solucionará el problema, la mejor opción es intentar dialogar o hacer modificaciones, pero si estas no funcionan es importante estar preparados para aceptar que no tenemos el poder.

11. Cada problema tiene una solución acertada, y es catastrófico no encontrarla.

No todo tiene una solución o por lo menos no todos estamos en condiciones de hallarla, y eso hay que saber aceptarlo.

Las certezas y lo infalible no existen.

Una persona madura sabe que cuando se enfrenta a un problema, puede encontrar varias soluciones posibles, y elegirá la más factible y no la "perfecta".

Estas ideas son peticiones de carácter absoluto a uno mismo, a los otros y al mundo que, cuando no se cumplen, generan ira, depresión, fastidio, decepción.

Es necesario aprender a evaluar estas creencias, a ponernos en una posición crítica ante ellas y asumir la responsabilidad y el coraje de modificarlas si son perjudiciales o poco adaptadas a la realidad. Un ser humano feliz es aquel que sabe aceptar y convivir con lo que lo rodea, no aquel que se niega a adaptarse, a reconocer la otredad, lo que es diferente a sus preferencias.Y aquí está otro punto álgido… las preferencias y las exigencias.

Establezcamos la diferencia entre exigir y preferir

Uno puede ser fiel a sí mismo y, al mismo tiempo, abrirse a otros conceptos, de eso se tratan las relaciones y la vida.

Cuando nos decimos cosas como: "no puedo equivocarme", "sufro a su lado, no es compañero ni cariñoso, debería ser más amoroso conmigo", "con todo lo que trabajo y hago yo debería estar mejor", nos aliamos con nuestro lado infantil y caprichoso, todo debe ser de la manera que queremos y no es posible que sea de otra, lo otro nos hace mal, es incorrecto, insoportable.

El lado adulto, amoroso con uno mismo, diría en su lugar: "qué bueno sería no equivocarme, pero si me equivoco trataré de aprender para ser mejor", "me gustaría que fuera más cariñoso, pero es como es, hablaré con él para ver si podemos crecer juntos, comprendernos mejor, quizá hay también algo en mí que debería mejorar", "trabajo mucho y me gustaría estar mejor económicamente, pero si no lo logro, igualmente puedo disfrutar de la vida".

Así, pues, es primordial entender que la gente y el mundo no están para satisfacer nuestras demandas y fantasías, sino que tiene que haber una sana relación entre nosotros y lo que nos rodea. Debemos preferir y no exigir. Las exigencias traen aparejada una buena dosis de frustración y eso hace que nos pongamos iracundos y tristes.

Aprender a aceptarse

Violeta, una secretaria inteligente y bastante guapa, se quejaba continuamente de todo y de todos. No conseguía tener novio ni amistades duraderas. Cada palabra suya era una descarga, una queja, un despotricar continuo. Eran bastante notorias las ideas rígidas que poseía... Esto debía ser así, eso tenía que funcionar asá y aquello otro no podía ser de esa manera. De esa postura jamás se movía. Es que a través del tiempo, fue consolidándose en su mente que todo debía funcionar de una manera y no de otra. Su universo (creado y armado por ella) tenía sus reglas, y quien escapara de ellas se convertía en malo, inadecuado, desubicado, despreciable. No existía en su mundo excepciones. Todo tenía que ser de una manera dada. De modo que una persona así difícilmente encontraría compañía. Pasaba el tiempo y cada vez se encontraba más aislada. A duras penas podía mantener su trabajo. Finalmente, llegó un punto casi de reclusión. Solo iba de su casa al trabajo, del trabajo a algún mercado y de allí nuevamente a su casa. Un día asistió a su trabajo

una persona un poco mayor que ella, pero bastante parecida en cuanto a pensamientos, incluso era más extremista. Fue como verse en un espejo. Y esa imagen que le devolvió el espejo no le gustó. Vio a alguien completamente amargado, solitario, apartado, iracundo y desesperanzado. Y la verdad es que le pareció tan triste "verse a sí misma de esa manera" que fue como recibir un balde de agua fría. De pronto, como quien ve una pequeña luz, que estaba desperdiciando su vida, que no podía continuar de esa manera porque lo único que lograría comportándose como hasta ahora sería más desilusión y tristeza. Fue como un shock. Quiso otra cosa para ella y se animó a pensar que sería imprescindible un cambio. No se trataba de mostrar otra fachada, sino de hacer un cambio profundo, de realizar un intento por comenzar a amarse y amar, aceptarse y aceptar. Y sobre todo dispuesta a admitir que en muchas de sus creencias podía estar equivocada.

Lucha de titanes: flexibilidad versus rigidez

"La flexibilidad es la vida, la rigidez es la muerte."
Lao Tsé

Seguramente todos conocemos gente testaruda, incluso, nosotros mismos solemos ser bastante obcecados. Nos aferramos fuertemente a ideas y creencias que tenemos, y así nos pongan por delante una prueba irrefutable de que estamos equivocados, insistimos con esa idea. Damos la vuelta y retorcemos la cuestión para que finalmente apoye nuestro pensamiento erróneo.

Muchas veces buscamos ideas que apoyen nuestros errores y no modifiquen nuestras actitudes. No hay caso, queremos tener razón, sin importar las consecuencias. Queremos ser los dueños de la verdad.

Yo muchas veces propongo una especie de gimnasia mental, esto es: ejercitar la mente a través de la interrogación, juegos, chistes, lecturas, conversaciones con gente que posee otros puntos de vista, asistir a charlas donde se debaten temas relacionados con filosofía o psicología, ver películas o libros relacionados con el tema del absurdo (a manera de juego experimental, como taller para jugar y subvertir la realidad, nuestra realidad), por mencionar algunas cosas.

Ya lo mencioné, cuando desarrollé el tema de plasticidad neuronal, lo esencial que es enriquecer nuestro cerebro con nuevos aprendizajes y experiencias. Al ver otras maneras de pensar o ver nuestra realidad desde diferentes ángulos es poco probable sostener las mismas ideas.

Leamos este recorte de Benedict Carey que hallé en el diario *La Nación* del día 10 de octubre de 2009 (sólo les ofrezco un resumen de él):

"En muchas ocasiones, la vida nos presenta situaciones absurdas, como salidas de un libro de Lewis Carroll. Experiencias que, en definitiva, violan toda lógica y expectativa. El filósofo Soren Kierkegaard escribió que tales anomalías producían una profunda 'sensación de absurdo' y no fue el único que las tomó en serio. Ahora, un estudio sugiere que, paradójicamente, esta misma sensación puede ayudar al cerebro a advertir patrones que de otra manera no podría (...).

En una serie de nuevos estudios el doctor Proulx y Steven J. Heine, profesor de psicología de la Universidad de la Columbia Británica, sostienen que el cerebro evolucionó para predecir y lo hace al identificar patrones (...). Cuando esos patrones se quiebran, el cerebro busca algo a tientas, cualquier cosa que le dé sentido. Puede retornar a un ritual conocido, pero también puede dirigir su atención hacia afuera y advertir un patrón nuevo. La necesidad de encontrar un patrón coherente hace que sea más factible que el cerebro lo encuentre. (...) Las imágenes cerebrales de la gente que evalúa anomalías o que trabaja en dilemas inquietantes muestran que la actividad en el área de la corteza llamada del cíngulo anterior se agudiza notablemente. Cuanta más actividad se registra, más motivación o habilidad para buscar o corregir errores en el mundo real, según un estudio reciente. (...) Sin embargo, el nuevo estudio apoya lo que artistas experimentales, viajeros habituales y otros buscadores de lo nuevo han dicho siempre: al menos en algún momento, la desorientación alienta el pensamiento creativo".

Y como diría Erik Satie en *Memorias de un amnésico*: "Vayamos a otra cosa, luego volveré sobre esto".

La desesperación

"Una situación se convierte en desesperada cuando empiezas a pensar que es desesperada."

Willy Brandt

Hay un cuento que nos ilustra cómo sin desesperación una situación adversa puede convertirse a nuestro favor.

El asno que salió corriendo

Un día, el asno de un campesino se cayó en un pozo. El animal no paraba de rebuznar mientras el campesino trataba de hallar el modo de ayudarlo. Finalmente decidió que, como el burro ya era viejo y el pozo desde hacía tiempo necesitaba ser tapado, tomó la decisión de echar tierra allí para solucionar los dos problemas de una vez. Con esta idea, pidió ayuda a sus vecinos y cada uno tomó una pala y empezaron a echar tierra al interior del pozo.

El asno, al notar lo que se le venía encima, se desesperó y comenzó a rebuznar con más fuerza, pero después de un rato se tranquilizó. La gente al no verlo ni escucharlo, creyó que ya estaría bajo tierra. Lo que no imaginaban era que el burro estaba ocupándose de sacudirse la tierra que le arrojaban con cada palada.

> ***Al poco tiempo, para sorpresa de todos, empezaron a verse las orejas del asno que, apoyándose en la tierra que se sacudía y caía al suelo, estaba logrando elevarse. Cuando llegó a la altura de la boca del pozo, dando un salto, salió corriendo alegremente dejando boquiabiertos a sus supuestos enterradores.***

¿Qué podemos aprender de este cuento? El asno, en vez de dejarse llevar por la desesperación ante semejante circunstancia, se calmó. Esa calma le brindó la posibilidad de actuar de una manera que lo ayudaría a superar el mal momento. Gracias a esa tranquilidad y razonamiento logró salir de una situación que, de haber sido dejada en manos de la desesperación hubiera culminado con su perdición.

De eso se trata este cuento… de no dejarnos arrastrar por esa fuerza y emoción negativas que quitan de nuestra vista las opciones positivas. La desesperación conduce al error, a la desesperanza, a actuar impulsivamente sin medir consecuencias, y con ello nos lastimamos y podemos lastimar.

Se trata nuevamente de tomar control de las emociones, de los pensamientos… no dejarse llevar por los impulsos, poner freno y decir… respiremos hondo, calmémonos, y veamos cuales son las mejores opciones. Hacer yoga, meditación y ejercicios de respiración son elementos que pueden ayudarnos para conseguir sosiego y armonía.

Algo sobre la Ley de la atracción

Una lección por aprender

Suelo asistir los sábados a la noche con mi marido a una reunión en donde se debaten temas muy interesantes: todos relacionados con filosofía y psicología. En un momento determinado salió el tema de la Ley de atracción. Se encontraban allí quienes confiaban en ella y otros que no la tomaban en serio. De pronto, Darío, un participante al que veía seguido en esos encuentros, dijo: "Hace unos años leí un libro muy de moda que desarrollaba este tema. Me dio como una especie de euforia, me pareció no solo interesante sino posible. Me enganché con el tema y seguí cada consejo que allí daban. Hacía tiempo que mi gran meta o deseo era tener mi casa propia, cada problema que tenía lo cargaba a cuenta de esa casa propia que no tenía. Era un deseo que elevé a la jerarquía de una necesidad semejante a respirar, respirar o comer. Tal como recomendaban, me dije... quiero tener una casa preciosa. Nada descomunal, pero mía, mía. Necesito esa casa para ser feliz. Será mía, debe ser mía. Será muy luminosa. Grandes ventanas.

Un jardín hermoso. Me dije… si lo deseo con toda mi alma, lo visualizo y lo pido al Universo, este me lo concederá. Visualicé mi hogar, mi vi en él, disfrutando allí. Le pedí al Universo cumplir este deseo. Confié en que se haría realidad, estaba tan convencido con esa ley que confié plenamente en que mi sueño se haría realidad. Bueno, como muchos aquí sabrán sigo viviendo de alquiler. El Universo no me dio mi casa. ¿Pero saben qué? Mejor que ese tema de 'que con desear algo se cumplirá' fue aprender a discernir entre lo que es y no es necesidad. Me gustaría tener mi casa pero si no la consigo igual puedo ser feliz. Ya no espero que me venga como por arte de magia una casa, sino que estoy averiguando créditos, ahorrando más dinero y quizá con un poco más de esfuerzo la pueda conseguir. Obviamente sin 'reventar' en el intento. Trabajo por mi sueño. Eso, un sueño, no una necesidad. Y soy perfectamente consciente que, de no darse, igualmente podré disfrutar de mi vida y mi familia, sin tristeza ni nostalgia, sino con alegría y energía para poner mi esfuerzo y mirada en otros objetivos que sean más accesibles a mi realidad".

Darío nos dio una lección valiosa a todos los que estábamos allí, que no existen supersticiones, ni magia, ni atajos que nos brinden aquello que deseamos. Cuando queremos cumplir un deseo debemos trabajar y aprender para conseguirlo. Y en caso de no cumplirse no decaer ni entristecerse, sino poder pensar con satisfacción que hicimos lo mejor que pudimos, que hay cosas que no están a nuestro alcance y que no por ello debemos sentirnos mal, por el contrario, es el momento de reajustar nuestros parámetros y adaptar más nuestras necesidades a la realidad que nos circunda. El Universo no se amolda a nosotros, no cumple nuestros deseos como Papá Noel, sino que somos nosotros los que debemos trabajar para conseguir lo que queremos.

Los modelos

Hoy, como todos tus días, te despiertas, miras a tu alrededor y te dices… otro día, otro maldito día… comienzas a pensar que nunca hiciste algo realmente importante, alguna cosa con lo que pudieras vanagloriarte, un pequeño acto verdaderamente relevante para te envidien. Ya nada te emociona o te absorbe demasiado, ninguna cosa despierta tu pasión. Todo tiene el mismo color y calor. Todo es igual. Sientes la apatía y la falta de propósito casi como una segunda piel. ¿Entonces, qué haces?

Lo primero: pensar en estos términos es la manera más fácil de hacer insoportable la existencia. Fórmula segura para el fracaso. Fin del debate.

Lo segundo: seguramente tú crees que no hiciste nada valioso, pero estoy segura que si repasas tu vida podrás ver que sí realizaste muchísimas cosas importantes: ayudaste a un amigo en un mal momento, estuviste al lado de tu madre cuando enfermó, diste un buen consejo, hiciste una carrera o aprendiste un oficio, cuidaste y cuidas tu casa y a tu familia. Piénsalo… ¿no es meritorio? ¿No es posible tomar esto en cuenta como algo verdaderamente importante?

Y lo tercero: en cuanto a esa sensación de apatía o tristeza, es muy frecuente verla sobre todo por lo que planteé en los puntos uno y dos, es decir, por pensar en términos pesimistas y, sobre todo, tremendistas. Pero si nos centramos en la cuestión de la sensación de desasosiego e inercia, algo muy importante les puedo decir: muchos psicólogos y autores de libros de autoayuda –me incluyo en esta lista– nos hemos dado cuenta que una gran herramienta para "recuperar el sentido de la vida" es "el ejemplo de vida", esto es, presentarle a los lectores y/o clientes, casos de personas que en la misma situación agotadora o triste lograron salir airosos y contentos de esas existencias problemáticas y desesperanzadoras en las que se hallaban. Poder leer sobre la vida de esos seres humanos (tan humanos como nosotros) que lograron escapar del abatimiento y la pérdida de interés por la vida, brinda mucho optimismo y esperanza.

No les digo de hablar de gente que se hizo millonaria o de estrellas de Hollywood, sino de seres "tan normales como cualquiera" que, ante determinados infortunios o problemáticas, salieron

victoriosos y lograron conferir un nuevo sentido y propósito a sus vidas.

No sé si recordarán el caso de Nick Vigicic, un hombre que nació sin brazos y sin piernas que, en vez enojarse con su suerte o deprimirse, optó por mirar su vida con optimismo y convertirse en escritor y conferenciante motivacional. O una religiosa (Teresa de Calcula) que no se dio por vencida, quiso creer hasta el final en los seres humanos y ayudó a los pobres y desvalidos con todas sus fuerzas. El caso de Moussa Ag Assarid, el mayor de trece hermanos de una familia nómada de tuaregs, que en vez de seguir viviendo como le habían enseñado, tomó su vida en sus manos, fue a Francia a estudiar Gestión (en la Universidad de Montpellier I) y se convirtió en escritor, actor, locutor y trabaja arduamente en ENNOR France para la escolarización de los nómadas. Como estos ejemplos hay millones, sólo es cuestión de ajustar y apuntar bien la mirada.

Emociones demoníacas

Hace unos años, cuando se publicó el famoso libro de Dyer, *Tus zonas erróneas*, me impactó un tema que allí exponía: la inmovilización. El autor se refería a ella en estos términos:

> **Estás inmovilizado cuando…**
> ***No puedes dirigirte cariñosamente a tu cónyuge o a tus niños cuando lo quieres hacer.***
> ***No puedes trabajar en un proyecto que te interesa.***
> ***No haces el amor y te gustaría hacerlo.***
> ***Te pasas el día sentado pensando en tus problemas.***
> ***(…)***
> ***Evitas hablar con alguien aunque te das cuenta de que un sencillo gesto amistoso mejoraría vuestra relación.***
> ***No puedes dormir porque algo te preocupa.***
> ***No puedes pensar con claridad porque estás enfadado.***
> ***Le dices algo pesado e injusto a alguien que quieres.***
> ***Te tiemblan las facciones o estás tan nervioso que no funcionas como quisieras.***

¿Esto no les recuerda el tema de la flexibilidad que les comenté anteriormente? Cuando uno entumece sus pensamientos y acciones se paraliza y se hace la vida imposible, pierde el gusto por los amigos, por la familia, por el cariño y amor en general.

Es como congelar lo bueno que hay en nosotros y en su lugar activar lo negativo.

Cuando asumimos esta postura es el comienzo del fin, porque detenemos nuestra evolución, nuestro crecimiento, las posibilidades, las experiencias nuevas.

Si yo lo siento así, es válido

"Cuando creemos que algo es verdad, por lo general, lo hacemos verdad; lo que creemos inmutable se hace inmutable."

Albert Ellis

Hay que decir, por cierto, que en la actualidad se ha extendido un mito: dar por hecho que nuestros sentimientos, cualesquiera sean, son correctos. Esta cuestión se plantea ya no desde la lógica sino de una supuesta libertad personal. Yo siento lo que quiero y nadie me puede cuestionar. Podría decir al respecto que nadie puede decirle al otro lo que debe pensar o sentir, esto es, todos podemos pensar lo que se nos antoje, pero esa afirmación, esa declaración de libertad no los hace necesariamente lógicos.

Por ejemplo, una persona comete en su trabajo una equivocación, entrega unos cálculos mal hechos, por ejemplo. El gerente va a su oficina, le señala el error y se retira a su despacho. El empleado se siente mal, cree que es un inepto, se culpa por no haber prestado más atención, se siente irreparablemente estúpido e inútil. Parece este un ejemplo exagerado, pero sin embargo muchos funcionan así. Esta persona puede sentir y pensar todo eso y más, pero lo que menos prima allí es la sensatez, la razón. Como dirían los famosos Les Luthier: "Señor mío, usted está razonando fuera del recipiente".

Convengamos, entonces, en que la creencia del tipo "si lo siento así es válido" no hace más que reforzar, ideas y sentimientos con poco fundamento racional y al mismo tiempo cierra la posibilidad de cualquier discusión al respecto. Digamos que adquiere carácter de ley.

Veamos esto con otro ejemplo: Muchas chicas se avergüenzan de sí mismas porque sienten que sus características no se corresponden con el paradigma de belleza imperante. Para ellas es terrible no ser delgadas como las modelos, tener medidas del tipo 90-60-90, cabello largo y sedoso, dientes perfectos y la lista puede seguir, porque cuando se trata de complejos y comparaciones los defectos enumerados son interminables.

Uno podría refutarles: puede ser que no tengan el estilo de hermosura que ahora está de moda, pero eso no es terrible, sino que cada uno tiene las características que tiene y no es para avergonzarse, es importante aprender a valorar lo que son y cómo son. Se puede desear ser más bello o poseer un cuerpo más estilizado, pero pensar que se es feo o espantoso no es forma de pensar sanamente.

De modo que, cuando lo que pensamos y creemos, es contraproducente para una vida plena, sana y madura, entonces no hay manera de considerarlos válidos. Como dice Santandreu: "Las emociones no son correctas porque uno las sienta. Son correctas solamente a la luz de criterios objetivos".

Podríamos preguntarnos, entonces, qué tipo de creencias, actitudes y pensamientos son por decirlo de alguna manera, correctos:

- Cuando nos brindan la posibilidad de darle a cada problema su justa medida y atención, sin transformarlos en serias amenazas, sino más bien proporcionándole la atención y la solución que requiere. Ni más ni menos.
- Cuando nos relacionan mejor con la gente.
- Cuando nos da alegría.
- Cuando nos da la oportunidad de madurar y evolucionar.
- Cuando nos abre la mente a nuevas y mejores maneras de vivir.
- Cuando nos da la capacidad de detectar oportunidades en vez de desventajas.
- Cuando nos pone en disposición de amar, ayudar y acompañar generosamente.

En definitiva, podemos considerar válidos aquellos pensamientos que nos juegan a favor y no en contra, que nos ayudan a construir en vez de destruir y que nos colman de alegría en vez de tristeza y enojo.

“La paciencia es amarga, pero sus frutos son dulces.”

Jean-Jacques Rousseau

Las supersticiones

Recuerdo especialmente una ocasión, el noventa cumpleaños de mi abuela, en donde estaba la familia completa. Bebimos, festejamos y brindamos absolutamente por todo. Nos hallábamos felices y nos pusimos al día con los asuntos familiares. De pronto cuando parecía que ya no había tema por tocar, alguien salió con la cuestión de las supersticiones. Entonces nos pusimos hacer una lista de las cosas más disparatadas que habíamos escuchado:

- Si se te cruza un gato negro te pasará una desgracia.
- Si tienes las orejas rojas es porque alguien te está criticando.
- Afortunado en el juego, desafortunado en el amor.
- Si pasas por debajo de una escalera nunca te casarás.
- Festejar el cumpleaños antes de tiempo trae mala suerte.
- Romper un espejo da siete años de mala suerte.
- Si te pica la nariz tendrás una pelea.
- Los tréboles de cuatro hojas dan buena suerte.
- Toda mujer que se case, para tener un matrimonio feliz deberá llevar a la ceremonia algo nuevo, algo usado y algo de color azul.
- Abrir un paraguas dentro de la casa es de mal agüero.

Hay una definición de superstición que brinda Wikipedia y con la que suelo trabajar a menudo: "Superstición es la creencia contraria a la razón que atribuye una explicación mágica a la generación de los fenómenos, procesos y sus relaciones. Aunque se trata siempre de creencias sin ningún tipo de evidencia científica, el concepto no siempre engloba todo lo que no es científico. (...) En el sentido coloquial general se utiliza de manera equivalente a los conceptos de irracional o no científico. (...) Debido a que el concepto se define desde distintas cosmovisiones y sistemas de creencias, los contenidos estarán determinados por la posición científica o religiosa de quien los presente".

Habrán visto, seguramente, esas dos palabras tan interesantes... "explicación mágica". Hacia allí quiero llevar su atención. En reiteradas oportunidades adoptamos comportamientos que no son ni operativos ni maduros basados en supersticiones.

Muchos dicen:

"No voy al médico, porque siempre te encuentran algo".

"No asistí a la reunión de trabajo porque hoy, cuando me levanté, apoyé primero el pie izquierdo y seguro me iría mal".

Parece mentira que en pleno siglo XXI, aún exista gente que toma decisiones sobre la base de pensamientos mágicos. Esto, además de ilógico, es contraproducente, pues alguien no asistió al médico a controlar su salud y otro posiblemente perdió una oportunidad.

Es conveniente, por tanto, comprender que las supersticiones no son tonterías, pues "tomadas en serio" generan consecuencias poco beneficiosas. Una actitud madura y obviamente funcional será pensar lógicamente en vez de sostener conductas y actitudes basadas en supersticiones.

> *"Las lágrimas derramadas son amargas, pero más amargas son las que no se derraman."*
>
> *Proverbio irlandés*

Otra vida es posible

Para empezar, una invitación

La finalidad de este libro, como hemos podido observar, es explicar que es posible cambiar y sentirnos mejor, hacernos más fuertes y maduros. Es una invitación a un cambio de mentalidad, a no depender de variables externas para ser felices, sino a crear en nuestro interior un estado de bienestar que se refleje en cada uno de nuestros actos, sensaciones, emociones y sentimientos.

> ***Cuenta una leyenda que hace millones de años, cuando apenas se había creado el Universo, se reunieron todos los dioses para contemplar su obra. Embelesados por tanta perfección y belleza no pudieron evitar tornarse presumidos. Por lo tanto, se les ocurrió crear al hombre para que lo admirara y envidiara. Entonces los dioses se dedicaron a crear a este ser. Y lo hicieron a su imagen y semejanza: le dieron inteligencia, valor, fuerza, valor, felicidad. Pero temiendo que estos seres se trasformaran en una amenaza para ellos o mejores que ellos decidieron ocultar algunas de esas virtudes con las que se los había creado. Se preguntaron, entonces, ¿dónde podrían esconder la felicidad para que no la encontraran? Después de reflexionar***

largamente unos propusieron esconderla en lo alto de una montaña, otros en lo más profundo del océano, algunos otros pensaron que podía esconderse en otra galaxia. Sin embargo, no podían ponerse de acuerdo porque pensaban que con su inteligencia y valor el hombre la hallaría fuera donde fuese. Y en estas meditaciones se encontraban cuando uno de ellos dijo:
"Ocultémosla dentro de ellos mismos, será el lugar perfecto porque se ocuparán de enriquecerse o hacerse poderosos y eso desviará la atención de ellos mismos. Buscarán la felicidad en el exterior y no dentro suyo".

Qué irónico ¿no? Perder tanto tiempo buscando a nuestro alrededor la felicidad cuando está dentro de nosotros. Ese tipo de felicidad es la que nos hace equilibrados, sanos, alegres, entusiastas. La otra "felicidad", la de los objetos externos, son sólo distracciones que nos alejan de la verdad, del camino a la plenitud.

¿Cuándo empezamos el cambio?

Después de tantas explicaciones y casos, llegó el momento de ponerse ropa cómoda y prepararse para el momento de sudar, trabajar por y para nosotros. El objetivo es cambiar el modo en que evaluamos nuestras creencias, eliminar la queja constante y los bucles en nuestros pensamientos que no hacen otra cosa que volvernos locos con ideas ilógicas y perjudiciales.

Una de las primeras tareas será entonces el trueque: cambiar ideas irracionales por racionales o más lógicas. Para ello será necesario analizar nuestras creencias, estudiarlas y evaluar cuáles son las que nos sirven y cuáles son absurdas o contraproducentes.

Después de toda la introducción de la primera parte estamos, si no me equivoco, en posición de poder señalar y aislar por lo menos algunas creencias que lejos de hacernos felices no hacen la vida imposible. Pueden, para repasar, ver nuevamente el cuadro de creencias irracionales de Albert Ellis. Se trata, por lo pronto, de poner contra el paredón a todas esas creencias disfuncionales. Una vez detectadas, procederemos al segundo paso: la lucha propiamente dicha.

Seguramente se preguntarán cómo combatir una creencia que llevamos desde años con nosotros y que fue nuestra guía en cada paso de nuestra existencia. La respuesta es interrogándola, sometiéndola a prueba. ¿De qué modo? Viendo si en vez de simplificar situaciones, estas fueron más complejas, si mejoraron nuestras relaciones o bien empeoraron, si nos brindaron calma o nos significó mayor nerviosismo, si, en definitiva, esa creencia en vez de hacernos crecer y avanzar nos anquilosó. Para este momento, sería importante tomar un cuaderno y hacer una suerte de balance… en una columna nuestras creencias, en otra las consecuencias buenas o malas ocasionadas por esa creencia. Y finalmente hacer un diagnóstico. Esto no sirve, me entorpece, esto o aquello podría mejorarlo de este modo, es decir, armar algunas estrategias.

Finalmente será importante poner todo en perspectiva y asumir ciertas cuestiones que forman parte de nosotros y conforman nuestra manera de ser. Es imposible cambiar todo, algunos factores estarán a nuestro alcance y otros no, en cuyo caso, en vez de quejarnos y autoflagelarnos será mejor aceptarnos y preguntarnos si es tan grave o relevante como para no poder ser felices. Acordémonos que tenemos una tendencia "natural" (no me gusta el término, pero llamémosle así) a dramatizar, a magnificar los problemas. Quizá gracias a la reflexión podremos concluir que esa creencia que nos parece tan nefasta, es más bien molesta y que, a pesar de ella y con ella, podemos alcanzar la felicidad. Es cuestión de ingeniárselas, de encontrarle la vuelta.

Llegamos finalmente al momento de las nuevas creencias, las más lógicas u operativas:

Aquí se eliminan los "debería" y se los reemplaza por los "me gustaría o preferiría". Porque la gran ventaja del "preferiría" es que si esa condición no se llegara a cumplir igualmente se puede ser feliz. El "debería" sólo piensa en términos de blanco o negro, si no consigo el éxito entonces fracaso y por lo tanto no seré feliz.

Resumiendo:

Paso 1: Detectar creencias irracionales.

Paso 2: Combatirlas.

Paso 3: Reemplazarlas por las nuevas creencias (más lógicas, coherentes y adaptativas).

No darse por vencidos ni aun creyéndonos vencidos

Por experiencia sé que cuando uno cree que tiene razón es difícil abandonar ciertos hábitos. Si estamos convencidos de que nuestras creencias son verdaderas y lógicas a pesar de que toda la vida nos dieron problemas, entonces deje este libro, léase una novela o vea una película y listo.

Mucha gente busca libros, no para mejorar, sino para confirmar lo que piensa y siente, para hallar algo que le diga que tiene razón al sentirse enojada, responder de malas maneras porque todos están locos y por lo tanto tiene todo el derecho a responder con descortesía, a gritar y a quejarse.

Pues bien, aquí no encontrará un lugar para confirmar sus creencias sino para ponerlas en duda y ver si son funcionales en su vida cotidiana. Cuando tenga "sospechas" de esas creencias, el camino sigue, viene el trabajo arduo para modificarlas o reemplazarlas por otras, y tampoco se detiene allí, sino que pueden surgir recaídas, sí, recaídas. ¿Usted cree que después de llevar a cuestas durante toda su vida esas creencias de un día para otro las cambiará? Error. Lleva tiempo, querrá volver a ellas, saldrán sin darse cuenta, a veces no las podrá contener, pero con ejercicio y mucha perseverancia podrá tener éxito. Se trata de no desmoralizarse, seguir adelante.

Es como cuando uno va a un gimnasio... rápidamente quiere tener el cuerpo perfecto, pero pasa el tiempo y este se moldea muy lentamente. La mente es igual. Requiere constancia, dedicación y cuando flaqueamos, poner más energía aún.

Pongamos un freno a las necesidades

Anteriormente hablamos de la importante diferencia entre desear y necesitar. Hay un abismo entre ambos términos. Uno necesita respirar, pero no comprarse una cartera o un televisor de 42 pulgadas. ¿Se entiende? Esto nos lleva al punto de otro nuevo entrenamiento, el de ejercitarnos en diferenciar ambas cosas.

Muchas veces creemos necesitar estar en pareja para ser felices y, sin embargo, si lo meditamos bien, se trata en realidad de un deseo, ya que es factible vivir perfectamente sin un novio o novia. Darío, por ejemplo, comprendió que deseaba su techo propio pero no era una necesidad y por lo tanto podía vivir bien aunque no lo consiguiera. Esta postura es la que se precisa para disfrutar la vida, ya que realmente las necesidades que tiene el hombre son muy pocas y si nos damos cuenta que los deseos son sólo eso… "darnos gustos" y que si no se cumplen igualmente podemos estar contentos, esperanzados y briosos, tenemos gran parte de nuestros problemas resueltos.

Hagamos otra aclaración. No estamos hablando de dejadez o de abandono. Es tomar contacto con nuestra realidad de lo que es necesario y lo que es accesorio para vivir en plenitud.

Los medios de comunicación nos invaden con millones de mensajes imperativos que no cesan de decir: "usted necesita esto", "usted necesita lo otro", "llame ya y compre", "no puede perderse esta oportunidad", "si quiere triunfar en la vida debe tener este producto".

Los publicistas saben que no pocos son los que confunden desear con necesitar, y con estos mensajes mantienen todo el tiempo a la gente expectante, infeliz porque nunca es suficiente, nunca alcanza, nunca se está satisfecho.

Usemos nuestra inteligencia… aprendamos a diferenciar, frenemos ese ímpetu de elevar todo al nivel de exigencia y necesidad y manejémonos con la calma y la reflexión. Será fundamental también ejercitarnos en el arte de la observación, la meditación y las conclusiones lógicas. Cuando pocas son las necesidades poco es también lo que nos puede molestar.

Más herramientas para luchar contra el "necesito, necesito"

La visualización

La visualización creativa es una técnica difundida ampliamente para alcanzar una condición emocional deseada imaginando imágenes concretas. Sabemos que el poder de nuestra mente es inmenso. Y sacar provecho de esto puede concedernos muchas ventajas, sobre todo cuando está comprobado que lo que pensamos; nuestras ideas, miedos y creencias se materializan en nuestra realidad.

Lamentablemente, en la mayoría de los casos, usamos este poder para perjudicarnos, solemos manejarnos con pensamientos negativos en vez de positivos: miedo a enfermar, a fracasar, a no ser aceptados, a que piensen que somos estúpidos, a que nos crean débiles o de poco carácter, a no poder hacernos respetar... sólo por mencionar algunas cosas. Y justamente eso que más evitamos es lo que terminamos atrayendo con nuestra mente. Entonces, es hora de cambiar esta situación para que nos juegue a favor.

La visualización creativa, entonces, tienen como objetivo la reprogramación mental, es decir, que a través de esta técnica logremos imaginarnos situaciones y opciones positivas para nosotros de modo que sólo actúen para beneficiarnos.

Veamos a continuación una guía para trabajar con la técnica de visualización:

a) Encuentra un lugar despejado, tranquilo y silencioso. Donde puedas ejercitarte sin distracciones.

b) Ubícate cómodamente.

c) Cierra los ojos, y comienza a prestar atención a tu respiración. Manéjala. Inhala y exhala profunda y tranquilamente.

d) Toma conciencia de cómo tu cuerpo se llena de oxígeno y desintoxica todo tu organismo.

e) Ahora imagínate que te encuentras en un lugar muy grato, tranquilo y pacífico. Puede ser lo que más te guste, en un cuarto de tu casa, en un río, navegando en el mar, volando, en un bosque. Lo que sea más placentero para ti. Familiarízate con la escena, los colores, los sonidos, todas las sensaciones. Percibe toda tu escena.

f) Ahora que realmente te sientes parte de esa imagen, piensa en lo que deseas, lo que te gustaría realizar: imagínate cómo alcanzas alguna meta deseada. Por su puesto, que esos pensamientos deben ser dirigidos con cariño y tranquilidad para que la meta que nos propongamos se trabaje desde la paciencia, el amor, la esperanza y sobre todo la serenidad.

g) Quédate un tiempo allí, viviéndola y sintiéndola, no te retires inmediatamente.

h) Cuando ya pensaste en todos los detalles y te relajaste y divertiste allí, sal despacio, concéntrate otra vez en tu respiración, luego estira todo tu cuerpo como cuando te levantas a la mañana.

¿No te sientes mejor?

A muchos podrá parecerles risible este método porque a simple vista parece demasiado sencillo y trivial, pero de simple no tiene nada, ya que de la manera en que vivimos, conseguir un lugar en donde realmente nos sintamos cómodos y podamos encauzar nuestra mente pacífica pero sostenidamente hasta lo que deseamos resulta una tarea compleja… hasta que nos habituamos a ello. Sin embargo, los resultados son excelentes.

La meditación y la visualización pueden ser grandes aliadas para generar un estado de bienestar, focalizarnos en ciertos aspectos de nuestra vida que queremos mejorar y también para luchar contra las creencias irracionales.

Veámoslo con este ejemplo:

Cecilia desde hace días no para de llorar, está aterrada, actúa irreflexivamente porque está dominada por la desesperación. Su pareja le dijo que ya no la quería más, que debían separarse y en poco tiempo se mudaría. Muchos se preguntarán cómo es Cecilia. Pues bien, es secretaria, tiene una hija pequeña, gana un sueldo que le permite vivir humildemente pero sin que les falte nada. Desde hacía tiempo ella también sentía que las cosas no iban bien, que se sentía mal con su pareja, que aquella pasión y amor que los había unido era tan sólo un tibio recuerdo, pero igualmente insistía en seguir con él. Tenía demasiados temores que la rondaban y la dejaban paralizada. Hasta que una amiga que practicaba la técnica de visualización le insistió que también ella la hiciera. Trabajaron juntas, le explicó bien cómo debía hacer. Poco a poco logró imaginarse justamente esta situación que estaba viviendo pero en vez de estar desesperada y triste, que estaba bien, que podía llevar su hogar, su hija y sus deberes perfectamente. Miró a su alrededor todas esas cosas que la atemorizaban y una a una las fue sacando con amor y lógica de la escena. Hasta que finalmente se vio allí de la mano con su

hija, paseando, disfrutando de la casa, de la vida sin problemas, sin dudas y con mucha felicidad. Pudo discernir la fantasía de la realidad.

Gracias a ese ejercicio que practicó sin descanso, logró salir de la zona oscura de lo oculto, de los fantasmas acechantes, de los miedos y logró sentirse más fuerte, más valiente para enfrentar su situación.

Sé generoso contigo mismo

Nuestra mente nunca descansa, siempre está trabajando. Lo hace a tiempo completo. En todo momento evaluamos cada acontecimiento y los distribuimos en casilleros que ya tenemos listos con las siguientes etiquetas: terrible, bueno, malo, excelente, insoportable, desastroso, lindo, etc. Obviamente, como sucede en la mayoría de los casos, casi todo lo que evaluamos va a parar al casillero de terrible, malísimo, insoportable... los casilleros de bueno, lindo, feliz por lo general están vacíos.

Sospechamos de todo y de todos... sentimos que el mundo está mal, la gente está equivocada y nadie es digno de confianza. Lo cierto es que vivir así se hace además de pesado muy triste.

¿Por qué sucede esto? porque con el tiempo perdimos la capacidad de sopesar bien los acontecimientos, de apreciar las buenas cosas que nos pasan, nos acobardamos por temor y decepción y todo lo catalogamos en los cajones del desastre y la amargura.

Si alguien se nos acerca y nos hace un favor, inmediatamente pensamos: "Seguramente este favor querrá cobrármelo en algún momento", "cuando la limosna es grande hasta el santo desconfía", "seguramente detrás de este buen gesto se esconde algo malo"... Por dios, no hay un solo lugar de nuestro cuerpo que acepte y valore positivamente nada.

A trabajar pues para cambiar esto.

Lejos de sugerirles que asuman una actitud pueril, les recomiendo relajarse y comenzar a limpiar la visión, ver con otros ojos, abrir la mente a la posibilidad de que nuestra concepción del mundo puede estar errada y animarse a creer en las buenas intenciones de los demás. Es vital dejar de lado ser fundamentalistas y jueces. Nadie puede serlo. Todos cometemos errores y todos merecemos cariño y respeto.

Es imprescindible recuperar la capacidad de apreciar cuanto los rodea, no puede ser que todo en sus vidas sea visto como espantoso, intolerable, angustioso, tampoco digo crear una fantasía del tipo Disney, más bien propongo evaluar de manera más amorosa, contemplativa, permisiva y generosa con nosotros y los otros.

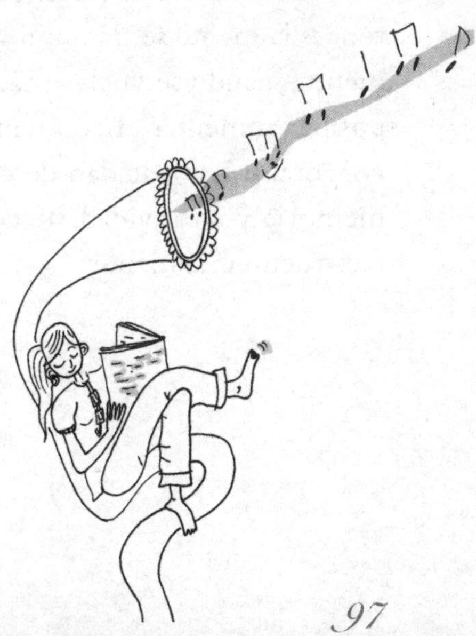

Cuando nos ejercitamos y acostumbramos a evaluar de forma no tan drástica, nuestras emociones se tranquilizan y la vida se torna más armoniosa, equilibrada y feliz. Nuestros pensamientos se volverán más límpidos, la mente estará más calmada y esto abrirá todo un abanico de posibilidades... se dará la oportunidad de hacer proyectos, organizarnos mejor y relacionarnos de otra forma.

Sugerencia para este paso: practica YOGA NIDRA

Yoga Nidra, que puede traducirse como "sueño consciente", es una importante técnica de meditación y relajación profundas. Se trata de una práctica en la que se aprende a relajarse de manera consciente. El estado de relajación se alcanza cuando la consciencia se separa de la experiencia exterior (órganos sensoriales) y del sueño, entonces la mente se tranquiliza, se aquieta y es en ese momento cuando se vuelve más poderosa. En este estado es posible aumentar el conocimiento, mejorar el esquema corporal y la capacidad de concentración, desarrollar la memoria y creatividad, descubrir el potencial interior y reestructurar la mente.

Un ejercicio cotidiano

Es importante, pues, a la hora de revisar nuestras evaluaciones, sopesar diferentes variables. Veamos cuáles son.

¿Somos objetivos cuando evaluamos? Quiero decir... es necesario tomarse un tiempo y meditar si realmente las conclusiones que estamos sacando son coherentes, si no están distanciadas de la realidad, si guardan proporción con la cuestión que se trata.

¿Lo ponemos en perspectiva? Esto es... ¿nos tomamos un tiempo, respiramos profundamente y consideramos si realmente le estamos dando al problema su verdadera dimensión y lo comparamos con otras circunstancias para darle el verdadero peso que merece? Una pregunta interesante y que pocas veces nos hacemos es: ¿esto que me está haciendo tanto daño es tan terrible como para sufrir todo un día, enfermar o maltratar a otros?

Por ejemplo: usted pasó toda una jornada limpiando su casa, llegan los niños y en un segundo la casa está patas arriba. Si bien es cierto que ponerse de mal humor sería normal, estaría bien de tanto en tanto ser un poco tolerantes y no ponerse de mal humor. Para ello será necesario preguntarse... ¿acaso alguno de mis hijos está enfermo, rompieron la casa o no es tan grave como todo ello? Me siento enojado, ¿pero es tan grave esto? Cuando no establecemos sanas comparaciones y sólo nos centramos en nosotros mismos se generan todo tipo de problemas.

Por eso es tan importante el hecho de comparar y poner en perspectiva, para no calificar cada cosa como única y terrible. Es decir... la mayor parte del tiempo nos hacemos mala sangre por cosas que realmente son intrascendentes y que no son tan malas como tendemos a creer.

"Algún día en cualquier parte, en cualquier lugar indefectiblemente te encontrarás a ti mismo, y ésa, sólo ésa, puede ser la más feliz o la más amarga de tus horas."

Pablo Neruda

Otra creencia para derribar: la idealización de nuestro/a compañero/a

"Se dirá que el amor no es para entenderlo, sino para sentirlo y disfrutarlo, y que el romanticismo no soporta ninguna lógica: nada más erróneo. La actitud sentimentalista, además de ingenua, es peligrosa, ya que una de las principales causas del mal de amores nace precisamente de creencias irracionales y poco realistas que hemos elaborado sobre el afecto a lo largo de nuestra vida..."

Ama y no sufras, *de Walter Riso*

Cuando las máscaras se caen y se ve al verdadero ser humano que está detrás de ellas, es cuando comienza lo que propiamente se dice ser compañeros de vida. Aceptar al otro tal cual es. Sin enfrentarlo con sus debilidades, sin exigirle más de lo que puede dar. Lo otro es pura fachada, encantamiento pasajero.

La persecución, la exigencia y la demanda sirven como solicitar la presencia a gritos de alguien que no está ahí, que no existe. Es como sacudir un limonero para que caigan mandarinas.

Las idealizaciones son destructivas, son fantasías infantiles, huidas de la realidad, juegos de muñecas, castillos o dragones que no sirven más que para jugar o evadirse pero en realidad no existen.

Lo importante es, dentro de un marco de mucho cuidado y respeto, ayudarse mutuamente a mejorar, a acercarse a las necesidades del otro, brindar contención, perdonar las limitaciones en tanto y en cuanto no sean ofensivas o denigrantes.

Cuando uno se da cuenta de que el único nexo entre dos personas son las fantasías y las idealizaciones sólo queda una solución: la separación respetuosa, porque al no poder derribar las fantasías, las peleas se intensifican, se producen desgastes, reclamos, frustraciones.

En la medida en que se tenga interés y coraje para trascender la fachada, es cuando se puede trabajar con la aceptación y la fortaleza para construir juntos un futuro con pactos, felicidad y cariño. Aquí es tan importante la empatía como el aire que respiramos. Ponernos en lugar del otro y comprender su punto de vista es esencial. Esto, en tanto y en cuanto, funcione en reciprocidad.

Nada en pareja funciona con intenciones y esfuerzos unilaterales.

El espejo de la realidad

Emilia (divorciada, 40) hacía bastante tiempo que no tenía pareja, ya creía que jamás hallaría a un compañero, hasta que en una de sus caminatas se

encontró con un hombre que en su niñez había sido vecino. Juan (43) por su parte hacía poco que se había divorciado pero desde hacía mucho tiempo se sentía solo, (des)enamorado, y anhelaba fervientemente conocer a su "compañera de vida, a su amor". Ambos se idealizaron, volcaron todas sus fantasías y anhelos en el otro y construyeron una imagen del otro completamente irreal, magnificada, armada con todas esas partes y cualidades que más les gustaba. La pasión, la expectativa y la desesperación los llevó a alquilar rápidamente un apartamento y se fueron a vivir juntos. Ninguno de los dos logró o quiso ver al otro tal cual era. Al poco tiempo las desavenencias comenzaron, el velo empezó a correrse y ambos se vieron tal cual eran. Seres con limitaciones y problemas, ya no era todo estrellitas y corazoncitos. Ella, que ante los ojos de él era la imagen misma de la fascinación, se convirtió ahora en Emilia, una mujer con cuestiones por resolver, hipocondríaca, nerviosa, depresiva por momentos. Para ella él ya no era ese superhombre que la acompañaría incondicionalmente en todo momento y que la apoyaría hasta en las situaciones más insostenibles, más bien empezó a ver lo que realmente era, obsesivo y complejo, poco cariñoso...

El mito de la comodidad y la justicia

El último tema que presentaré en esta parte es la cuestión de los dos grandes "problemas": los mitos de la justicia y la comodidad, que en reiteradas ocasiones suelen ir de la mano.

Es lógico desear (no, necesitar) un hogar seguro, cálido y resguardado, un trabajo en donde se nos respeta, viajar tranquilos, recibir justamente los servicios por los que pagamos, que no nos atropellen, que acepten nuestra opinión, que las calles estén arregladas porque pagamos nuestros impuestos, que los políticos nos representen bien, que jueces y leyes funcionen correctamente, etcétera. Es un deseo lógico, pero de ninguna manera puede convertirse en una condición *sine qua non* para ser felices. Si es así, estamos perdidos.

Es primordial desarrollar la capacidad de aceptar, tolerar y convivir con esa realidad que no se ajusta a nuestro deseo. El mundo no tiene por qué ser como nosotros lo imaginamos. Debemos aprender a integrarnos en esa realidad que nosotros nos creamos y para ello es fundamental estar equilibrados emocionalmente. Para estar en paz y vivir tranquilamente tenemos que estar listos para resistir una mala respuesta, una falta de respeto, ruido e inseguridad. La vida es así. Sin garantías y con pocas reglas claras. Si mis vecinos ponen la música muy fuerte, no puede ser que esté en casa angustiada o que me vaya para no escucharlos, debo ser capaz de hablar para lograr un acuerdo y si ello no ocurre tratar de llevar lo mejor posible tal situación.

Paros, accidentes y atascos… a todos nos gustaría ir y venir rápido de nuestros hogares, trabajos y viajes, pero son tantas las personas y las variables que es casi imposible lograrlo, pero a pesar de ello es importante poder vivir y estar tranquilos en medio de tales circunstancias. Que nuestra felicidad y descanso dependan de las condiciones óptimas sólo nos llevará a la decepción, la ira y una mirada desesperanzada en el futuro.

Si en cambio, nos fortalecemos emocionalmente para manejar estos embates, nos será posible hallar equilibrio y plenitud en medio de tales embrollos.

¿Aceptamos nuestra finitud?

"Nada se puede hacer ante lo inevitable, excepto saber enfrentarlo con entereza. Todo lo que nace, muere, y debemos saber aceptarlo con paciencia."

Cuentos tibetanos. La esencia de la calma, *de Yosano Sim y Pedro Palao Pons*

Aquí tenemos dos aristas. Por un lado la muerte escamoteada, excluida porque se aparta de lo *cool*, de lo exitoso y feliz que debe ser toda persona en esta sociedad contemporánea; por el otro, nos encontramos con el propio miedo a la muerte (nuestro o de seres queridos) porque genera incertidumbre, se trata de lo desconocido que nos acecha y eso es llanamente insoportable para la mayoría de nosotros.

Analicemos el primer caso:

La gente evade el tema, tiene temor de hablar de él por miedo a invocarlo, los rituales mortuorios conservan su apariencia pero ya se empezó a vaciarse de su contenido dramático. La muerte, hoy es tabú, más que el sexo.

¿Por qué necesitamos negar tanto la muerte? Porque en nuestras sociedades se ha vuelto un imperativo "estar o parecer todo el tiempo feliz.... todo el tiempo", no "tiene onda" hablar de la parca, representa a las "malas vibraciones". En nuestra cultura, donde sólo hay cabida para las cosas bellas, poderosas, exquisitas, famosas y triunfantes, no hay cabida para la tragedia personal. Si se exhibe tristeza se está en contra del producto llamado felicidad (no estoy hablando de la verdadera felicidad). Nuestra sociedad tan ligada a la prosperidad, a lo esplendoroso y excitante necesita borrar cualquier rastro de la muerte, porque ella remite al fracaso, al "no control". Y nuestra cultura necesita borrar toda tristeza, duelo y todo aquello que se relacione con la mortalidad.

Por otro lado, se nos presenta la cuestión de la intolerancia ante lo incontrolable y la incertidumbre. No sólo a nivel personal, sino como fenómeno social, existe terror y rechazo a todo aquello que escapa de nuestras manos. Por lo general, la gente en vez de aceptar la muerte como un proceso natural lo percibe como una cuestión irreal que les produce sensación de indefensión, desamparo y fragilidad, cosas que muy pocos están dispuestos a aceptar. Y lo cierto -y esto lo expuse a lo largo de todo el libro- es que nada es seguro, no existen las garantías y por lo tanto debemos estar preparados para lo insólito, aquello que ocurre abruptamente y sin aviso. Y esto es para todos los órdenes de la vida.

Si en una sociedad todos supieran de antemano lo que sería de sus vidas, hasta la fecha de su muerte, sus individuos serían como estos personajes que ahora están tan de moda en la televisión: los muertos vivientes.

Pasos hacia la felicidad

Moradores del presente

"Vive todo lo que puedas; no hacerlo es una equivocación. No importa mucho lo que hagas siempre que tengas tu vida. Si no has tenido eso, ¿qué has tenido?... El momento apropiado es cualquier momento que aún tiene la suerte de tener... ¡Vive!"

Los embajadores, *de Henry James*

El presente, el pasado, el futuro

Ernesto estuvo muchos años planificando este viaje y ha llegado el momento de hacerlo. Ya tiene el dinero, las maletas listas, el pasaje comprado, el seguro médico listo y los itinerarios trazados. Pone un pie en el avión y apenas se sienta, no mira el avión, ni observa lo poco que se puede del paisaje que está a sus pies, ni se digna mirar a quienes tiene a su lado. Se refriega las manos mientras sueña con todo lo que verá en las próximas horas, cuando esté en tierra. Llega a destino, lo recoge un taxi que lo llevará al hotel, y mientras recorre calles se pone a pensar en todo lo que conocerá en breve. De paso piensa... todo lo que podré contarle a mis amigos, se morirán de envidia, mostraré fotos, tendré para contarles cientos de anécdotas. Y llega a su hotel. Allí, otra vez, sin

mirar a su alrededor, se mete rápidamente en su habitación y traza planes. Así como se pone a pensar en lo que hará al día siguiente, vuelve a imaginar lo que contará y cómo lo escucharán y de paso trata de recordar si dejó en casa todo desconectado, si su amiga habrá comprendido bien las instrucciones que dejó para que cuidara su casa y perro. Se pregunta si pagó todos los impuestos y de paso se hace un poco de mala sangre porque sabe que a su regreso tendrá mucho trabajo acumulado en la oficina. Y así pasan sus diez días de vacaciones... entre pasado y futuro y con pocos momentos atento al presente.

Si hay algo en lo que actualmente se insiste mucho, tanto en libros como seminarios, es en la cuestión de instalarse en el tiempo presente, ser moradores del momento exacto en el que se está.

No podemos ser como esos melancólicos pegados a una radio escuchando temas musicales de veinte años atrás y suspirando por los viejos tiempos y tampoco está bien ser como esas personas que depositan todas sus expetativas en el futuro y el presente ni lo miran, como si por arte de magia mañana o pasado se les apareciera un futuro mágico y glorioso, sin hacer nada en el tiempo presente como para construirlo.

> *“El futuro nos tortura y el pasado nos encadena. He ahí por qué se nos escapa el presente.”*
>
> *Gustave Flauwert*

¿Qué es, entonces, lo que tenemos que hacer para instalarnos en el aquí y ahora?

Es una tarea fundamental deshacerse del hábito de oscilar entre el pasado y el futuro para focalizar toda la energía en este presente prometedor, en este presente que es el espacio de la experimentación, de la construcción de las bases sólidas para ese futuro que imaginamos y deseamos.

Hay un cuento maravilloso de Lev Tólstoi que hace referencia al hecho de ser conscientes del momento exacto en el que vivimos y de la importancia de vivenciarlo plenamente. A continuación compartiré con ustedes una pequeña adaptación que realicé:

Cierto emperador pensó un día que si conociera la respuesta a las siguientes tres preguntas, nunca se equivocaría con sus decisiones.
Las tres preguntas eran:
¿Cuál es el momento más oportuno para hacer cada cosa?
¿Cuál es la gente más importante con la que trabajar?
¿Cuál es la cosa más importante para hacer en todo momento?
El poderoso emperador publicó un edicto a través de todo su reino anunciando que cualquiera que pudiera responder a estas tres preguntas recibiría una gran recompensa, y muchos de los que leyeron el edicto emprendieron el camino al palacio; cada uno llevaba una respuesta diferente al emperador. Pero como las respuestas que le ofrecían eran todas distintas, el emperador no se sintió complacido con ninguna y la recompensa no fue otorgada.
Después de varias noches de reflexión, el emperador resolvió visitar a un ermitaño que vivía en la montaña y del que se decía era un hombre iluminado. Al llegar al lugar donde habitaba el hombre santo, el emperador lo halló cavando en el jardín frente a su pequeña cabaña. Cuando el ermitaño vio al extraño,

movió su cabeza en señal de saludo y siguió con su trabajo. La labor, obviamente, era dura para él, pues se trataba de un hombre anciano, y cada vez que introducía la pala en la tierra para removerla, la empujaba pesadamente.

El emperador se aproximó a él y le dijo:

—He venido a pedir tu ayuda para tres cuestiones:

¿Cuál es el momento más oportuno para hacer cada cosa?

¿Cuál es la gente más importante con la que trabajar?

¿Cuál es la cosa más importante para hacer en todo momento?

El ermitaño le escuchó atentamente pero no respondió. Solamente posó su mano sobre su hombro y luego continuó cavando. El emperador le dijo:

—Debes estar cansado, déjame que te ayude.

El eremita aceptó su ayuda de buen grado y se sentó en el suelo a descansar.

Después de haber acabado un tiempo, el emperador paró, se volvió al eremita y repitió sus preguntas. El eremita tampoco contestó sino que se levantó y señalando la pala y dijo:

—¿Por qué no descansas ahora? Yo puedo hacerlo de nuevo.

Pero el emperador no le dio la pala y continuó cavando. Pasó una hora, luego otra y finalmente el sol comenzó a ponerse tras las montañas. El emperador dejó la pala y dijo al ermitaño:

—Vine a ver si podías responder a mis tres preguntas, pero si no puedes darme una respuesta, dímelo, para que pueda volverme a mi palacio.

El eremita levantó la cabeza y preguntó al emperador:

—¿Has oído a alguien corriendo por allí?

El emperador volvió la cabeza y de repente ambos vieron a un hombre con una larga barba blanca que salía del bosque. Corría enloquecidamente presionando sus manos contra una herida sangrante en su estómago. El hombre corrió hacia el emperador antes de caer inconsciente al suelo. Al rasgar las vestiduras del hombre, emperador y ermitaño vieron que el hombre había recibido una profunda herida. El emperador la limpió cuidadosamente y luego usó su propia camisa para vendarlo, pero la sangre empapó totalmente la venda en unos minutos. Entonces, lo vendó por segunda vez y continuó haciéndolo hasta que la herida cesó de sangrar. El herido recuperó la conciencia y pidió un vaso de agua. El emperador corrió hacia el arroyo y trajo un jarro de agua fresca. Mientras tanto se había puesto el sol. El eremita ayudó al emperador a llevar al hombre hasta la cabaña donde lo acostaron sobre la cama del ermitaño. El hombre cerró los ojos y se quedó tranquilo. El emperador tras un largo día de subir la montaña y cavar en el jardín también se quedó dormido. Cuando despertó, el sol asomaba ya sobre las montañas.

Durante un momento olvidó dónde estaba y lo que había venido a hacer. Miró hacia la cama y vio al herido, que también miraba confuso a su alrededor; cuando vio al emperador, lo miró fijamente y le dijo en un leve suspiro:

—Por favor, perdóneme.

—Pero ¿qué has hecho para que yo deba perdonarte? —preguntó el emperador.

—Tú no me conoces, majestad, pero yo te conozco a ti. Yo era tu implacable enemigo y había jurado vengarme de ti, porque durante la pasada guerra tú mataste a mi hermano y embargaste mi propiedad. Cuando me informaron que vendrías solo a la montaña para ver al ermitaño decidí darte muerte, pero en lugar de hallarte, me encontré con tus guardias, estos me reconocieron, me atraparon y me hirieron. Afortunadamente pude escapar y corrí

hasta aquí. Si no te hubiera encontrado seguramente ahora estaría muerto. ¡Yo había venido quitarte la vida, pero en lugar de ello tú has salvado la mía! Me siento avergonzado y, a la vez, agradecido. Si sobrevivo, juro que seré tu servidor el resto de mi vida. Por favor, majestad, concédeme tu perdón.

El emperador se alegró muchísimo al ver que se había reconciliado fácilmente con su acérrimo enemigo. Tras ordenar a sus sirvientes que llevaran al hombre a su casa, el emperador volvió a ver al ermitaño. Antes de volver al palacio el emperador quería repetir sus preguntas por última vez; encontró al ermitaño sembrando el terreno que ambos habían cavado el día anterior.

El ermitaño se incorporó y miró al emperador.

—Tus preguntas ya han sido contestadas.

—Pero, ¿cómo? —preguntó el emperador confuso.

—Ayer, si su majestad no se hubiera compadecido de mi edad y me hubiera ayudado a cavar, habría sido atacado por ese hombre. Entonces habría lamentado no haberse quedado conmigo. Por lo tanto el tiempo más importante es el tiempo que pasaste cavando, la persona más importante era yo mismo y el empeño más importante era el ayudarme a mí…

Más tarde, cuando tu enemigo corría hacia aquí, el

momento más oportuno fue el tiempo que pasaste curando su herida, porque si no lo hubieses cuidado habría muerto y habrías perdido la oportunidad de reconciliarte con él. De esta manera, la persona más importante fue él y el objetivo más importante fue curar su herida...

Recuerda que sólo hay un momento importante y es ahora. El momento actual es el único sobre el que tenemos dominio. La persona más importante es siempre con la persona con la que estás, la que está delante de ti, porque quién sabe si tendrás trato con otra persona en el futuro. El propósito más importante es hacer que esa persona, la que está junto a ti, sea feliz, porque es el único propósito de la vida.

Mieditis

«El amor ahuyenta el miedo y, recíprocamente el miedo ahuyenta al amor. Y no solo al amor el miedo expulsa; también a la inteligencia, la bondad, todo pensamiento de belleza y verdad, y sólo queda la desesperación muda; y al final, el miedo llega a expulsar del hombre la humanidad misma».

Aldous Huxley

"Tenía tanto miedo a cualquier actividad que no fuera la simple y estricta rutina, que vivía en el plano más estrecho posible de la existencia."

Cómo vivir con un neurótico, *Albert Ellis*

Viajaba un peregrino hacia Bagdad, cuando debajo de una palmera ve a una mujer extraordinariamente pálida y esquelética con un platillo de agua y comida en sus manos que nadie tocaba, por miedo a acercarse... El peregrino se sienta a su lado y comparte con ella su agua y sus dátiles, y le pregunta hacia dónde va.

- Soy la Peste, y debo ir a Bagdad para llevarme 10.000 vidas.

El peregrino horrorizado le contestó:

-Pero eso es una enorme crueldad, dejarás muchísimas familias mutiladas, y mucha tristeza

tras de tí. ¿Hay algo que yo pueda hacer para impedirlo?

La Peste contestó:

-Eres un hombre distinto a los demás... si cuando llegas al zigurat de Assur, oras toda la noche sin descanso, te prometo que te preservaré la vida, y tan solo me llevaré a los 5.000 seres más desvalidos y enfermos, que no tengan familia alguna.

El peregrino aceptó el trato cumpliendo lo requerido, mas cuando llegó a Bagdad quedó sobrecogido, al ver la ciudad devastada por la muerte de 100.000 personas.

Al regresar a su ciudad, encontró bajo la misma palmera, a la Peste, a la que inquirió duramente su incumplimiento del trato.

-Recé toda la noche sin descanso, y sin embargo ¡has matado a 100.000 personas!

La Peste le contestó:

-No es cierto, yo solo maté a 5.000 enfermos solitarios, los otros murieron de MIEDO.

Cuento popular

El ser humano, desde tiempos inmemoriales, ha poseído una serie de emociones, y una de ellas, fundamental para la supervivencia, ha sido el miedo. Sin embargo, este mecanismo, importante para hacer que nuestro cuerpo reaccione ante un posible peligro, ha mutado y en muchos casos se ha convertido en una presencia permanente que altera nuestro normal desenvolvimiento. Lo que antes servía para ayudarnos, ahora sólo nos confunde, estorba y a veces enferma.

Mientras el miedo es sólo una alerta ante una amenaza inminente, la emoción es coherente y pertinente. Pero cuando el miedo se activa cuando no existe tal peligro, o no guarda relación con él, es cuando debemos ver qué está sucediendo.

Es importante tener presente que, cuando entra en escena el temor, todo nuestro organismo se altera, se activa la amígdala, aumenta la velocidad del metabolismo, cambia la presión arterial, la adrenalina, la tensión muscular, sube la glucosa en la sangre, se detienen las funciones que no son esenciales para la huida o defensa, por mencionar sólo algunas cosas. Imagínense si esto ocurriese a menudo y sin motivo. Enfermamos y nuestro cuerpo no funciona como debiera. Las tareas más sencillas se convierten en empresas imposibles. El sueño se altera. Cuando queremos descansar no nos relajamos por lo que tenemos esa sensación, a pesar de haber dormido, de no haber descansado en absoluto.

Entonces se hace necesario tomar ciertas medidas:

1) Aceptar y reconocer nuestros miedos. De nada sirve ocultarlos porque eso los fortalece.

2) Cuando es posible, ayuda mucho hacer un esfuerzo para reconocer qué hay detrás de ellos, qué los activa. Ver si son desproporcionados o se corresponden con la magnitud del problema.

3) Cuando esta emoción nos excede y no la podemos manejar es importante asistir a terapia para conseguir la guía de un profesional. No debe avergonzarnos pedir ayuda.

4) Lo que sucedió en el pasado no necesariamente se repetirá en el futuro, por lo cual no hay que vivir temiendo que las malas experiencias se repitan.

5) Arriesgarse. Cuántas personas perdieron maravillosas oportunidades por temor a equivocarse.

Miedo a la soledad

"Nadie puede encontrar la compañía adecuada sin conocer a fondo sus propias soledades."

Anónimo

Creo que, incluso, aquí podríamos hablar de terror a la soledad. Siempre hago hincapié en los imperativos culturales para hablar de determinadas cuestiones, sobre todo, cuando quiero referirme a este tema particular.

Como he dicho en reiteradas oportunidades, hay un mandato casi con rigor de ley que dice: "si no tienes amigos, si no tienes pareja eres un perdedor". Debemos tener cientos de contactos y amigos, ello confirma que somos personas carismáticas y exitosas.

¡Dios! A nadie se le ocurra ir solo un sábado a la noche al cine o a tomar un café a un lugar muy concurrido... no necesitamos que la gente nos mire... nos sentimos observados y discriminados.

A muchos le resulta imposible sentarse solo en un bar o en un restaurante y mirar a los demás. "¿Cómo voy a sentarme y mirar la felicidad ajena? ¡Pensarán que los envidio!" Mejor es leer cualquier cosa, hasta un prospecto médico, o hacer que enviamos y recibimos mensajes con el teléfono sin importar a quién y sobre qué tema. Es fundamental mostrar una imagen de una persona que, hastiada de tanta compañía ha elegido voluntariamente la soledad. Es permitido ser exótico pero no alguien sin amistades o contactos.

¡Qué sociedad tirana! Lo mismo que nosotros construimos nos tiraniza y vulnera.

Millones de personas que temen estar solos pero a la vez no hacen nada por conseguir amigos, sostienen toda una vida basada en "amistades virtuales con nombres de los más exóticos".

"¡Qué bueno! Andrés14 me acaba de felicitar por mi cumple. Pitufo1938 y Sexyboy también se acordaron de mí. Cuántos contactos tengo, de hecho, ahora hay diez en línea que me están saludando. ¡Les envío un pastel virtual con velitas para compartirlo juntos! Qué bueno... me mandaron dos links con pajaritos cantando el feliz cumpleaños."

Pero ¿qué clase de amistades son ésas? La nada. Por repulsión a la soledad nos inventamos un mundo de cariño y amistades que sólo son eso... realidad virtual.

La psicóloga Sherry Turkle aborda el problema que genera el rechazo de la soledad y el aferramiento a la tecnología para escapar de ella. Esta profesional analiza la manera en que nuestros dispositivos y las personas conectadas en línea están redefiniendo la comunicación y las conexiones humanas, por no tolerar la compañía y a la vez no querer vivir sin ella.

Convengamos esto, pues, poseer amistades requiere tiempo y dedicación, pero si no estamos dispuestos a ello, difícilmente hallaremos compañía, de modo que aquí nos enfrentamos ante una realidad: estamos eligiendo estar solos. En este caso, por lógica consecuencia, deberemos hacernos cargo de esa elección y aceptar sus consecuencias, esto implica no quejarse, no sufrir, aprender a salir de paseo en su compañía sin importar qué piensan de nosotros. Hay que tener coraje de una vez por todas, aceptar nuestra soledad y vivirla estoicamente, con dignidad, sin miedo o vergüenza o hacer algo para conseguir verdaderos amigos. Basta de tratar de ocultar que no estamos acompañados.

El mejor amigo que uno puede tener es uno mismo, y es importante alimentar esa relación. Podemos vivir con nosotros mismos, nadie ha muerto por miedo a la soledad, sólo hay que hacerse fuerte y aprender a cuidarnos nosotros mismos.

Acompañados pero solos

"Y es que el temor a la soledad es una idea absurda que abunda en nuestros días y que no tiene ni pies ni cabeza. Nadie está solo en nuestras ciudades, pueblos o incluso aldeas... siempre hay gente a nuestro alrededor y, sin duda alguna, muchas personas desearían tener una maravillosa relación con nosotros."

El arte de no amargarse la vida, *de Rafael Santandreu*

Recordemos, pues, que la soledad es un estado que produce angustia en muchas personas, y vencer este miedo es fundamental para poder disfrutar de la vida y estar receptivos a nuevas relaciones. Es más, este temor puede ser contraproducente en casos en donde una persona está inmersa en una relación destructiva porque no le permite salir de esa situación. Se queda estancada, paralizada porque la simple razón de que no consideran opción el "quedarse solo".

Mi pregunta es por qué hay que llegar a ese punto para poder aceptar la separación. Por qué nos dejamos arrebatar por el miedo a la soledad al punto de perder años de vida, soportando situaciones desgastantes, estresantes, odiosas. Era tanto el terror a esa soledad que ninguno de los dos quería darse cuenta de que cuando estaban juntos en realidad estaban más solos que nunca. Hay un famoso dicho al cual me

adhiero... "más vale solo que mal acompañado". Es el mejor lema cuando una relación no funciona.

¡Coraje! Cuando vean que es posible vivir bien sin la compañía de una mala compañía, primero, pensarán porqué no han tomado esta decisión con anterioridad y, luego, lentamente, empezarán a recuperar la capacidad de disfrute de la soledad. Verán que son capaces de manejarse solos, que tienen mucho potencial y que ahora tienen tiempo para descubrir de lo que son capaces.

Les recomiendo: la película ítalo-suiza dirigida por Silvio Soldini *Pan y tulipanes* (*Pane e Tulipani* o Brot und Tulpen en las lenguas de sus versiones originales) y el film *Yo amo a Shirley Valentine* o solo *Shirley Valentine* del director Lewis Gilbert.

Sin temor a la soledad

Jazmín peleaba todos los días con su marido, parecía que se odiaban, no se ponían de acuerdo con nada. Cada vez el tono era más elevado entre ambos. Él no quería hacer nada en la casa, pues no le apetecía. Sólo quería llegar del trabajo y ver fútbol. Ella, por su

parte, al ver tal apatía e indiferencia, dejó de cocinarle lo que a él le gustaba, y la ropa que al principio le cuidaba con tanto esmero, ahora era lavada y guardada sin ningún tipo de dedicación o delicadeza. Ella llegaba de su oficina y en vez de tomar la merienda juntos se sumergía en sus cursos y lecturas. Ya se había cansado de buscarle conversación. Tal era la situación que ambos respiraban. Sin embargo, como ninguno de los dos soportaba la soledad, le temían, seguían adelante juntos. Pero un sábado por la noche, ocurrió un hecho que los haría tomar la decisión que debían tomar hacía tiempo. Volvían de una fiesta en la que ambos no se habían dirigido la palabra, él para humillarla había estado coqueteando toda la noche con una de las mujeres de la reunión y ella para no quedarse atrás hizo lo mismo con uno de los invitados. Al llegar a la casa, las peleas que hasta el momento habían sido verbales, sufrieron un giro... empezaron a llover platos, tazas, ropa, improperios de todo tipo. Fue tal la furia, el enojo acumulado durante tantos años que esa noche literalmente se tiraron los platos por la cabeza. Surgieron todos los recuerdos malos, los reproches, la ira. Se sintieron tal mal, tan desolados que en ese mismo momento, a pesar del miedo, tomaron la decisión del divorcio.

Miedo al aburrimiento

"Ahora nos aburrimos menos que nuestros antepasados, pero tenemos más miedo de aburrirnos."

La conquista de la felicidad, *de Bertrand Russell*

Juguemos un juego para reírnos del aburrimiento. ¿Qué podemos hacer para entretenernos?

1) Quemar cosas con una lupa.
2) Ordenar una caja de fósforos con todas las cabecitas para el mismo lado.
3) Rascarnos algo, aunque no nos pique y cuando ya nos duela, escribir un ensayo acerca del dolor.
4) Ordenar toda nuestra ropa por colores.
5) Ordenar todo lo que tenemos en casa por formato y color.
6) Verificar cuánto tiempo podemos contener la respiración.
7) Imaginar por dónde podrían entrar ladrones en la casa y armar estrategias para que no lo logren.
8) Tratar de no pensar en submarinos.
9) Redactar cartas imaginarias en las que nos quejamos por recibir malos servicios.
10) Imaginar que ganamos la lotería y todo los que haríamos con ese dinero.

11) Hacer bromas telefónicas.
12) Si estamos en un autobús llamar a una persona mentalmente para ver si se da la vuelta y nos mira.
13) Poner obstáculos al camino por donde van hormigas para ver cómo solucionan el problema.

Y… a problema ridículo (miedo al aburrimiento), propuestas ridículas.

O mejor dicho… el aburrimiento no debe ser un problema.

Reflexionemos sobre esto: sólo cuando se está liberado de las necesidades de la vida, es decir, no nos falta techo, tenemos alimentos, trabajo, familia, salud, uno se puede descubrir dominado por el aburrimiento. Nuestra mente, que se pasa el día trabajando para resolver cualquier necesidad o deseo, de pronto se encuentra desocupada, y qué hace… se aburre solemnemente.

Cuando en la vida ya no hay problemas, es la vida misma la que se convierte en problema y queda a nuestra disposición un tiempo que no sabemos usar. Lamentablemente, desde muy pequeños nos han enseñado que es un horror y está prohibido no hacer nada. ¿Cómo no aprovechar el tiempo? De modo que se plantea el dilema de qué hacer con ese stock de minutos, horas o días.

De hecho, el aburrimiento es un fenómeno que se ha

agudizado en los últimos siglos. Imagínense vivir en la época de nuestros tatarabuelos en donde no existían móviles, televisión ni juegos electrónicos. A un niño actual le daría un derrame cerebral.

Sucede que en el transcurso de nuestra educación nos han enseñado a estudiar, trabajar, ser funcionales para la sociedad, pero jamás se nos educó para disfrutar el ocio. Es más, se nos aleccionó para aborrecerlo. Eso es de vagos y perezosos. De modo que cuando tenemos capacidad ociosa se nos impone el aburrimiento y el "algo debemos hacer".

Sin embargo fue Blaise Pascal quien ya en el siglo XVII afirmaba: "Todos los problemas de la humanidad proceden de la incapacidad del hombre de estar quieto en una habitación, tranquilo y sentado".

Obviamente el tema de que todo el tiempo debemos estar entretenidos y que no debemos aburrirnos es otra de las falsas creencias con las que debemos luchar. Los hombres salen los domingos con veinte productos distintos y limpian el coche hasta entrada la noche o ven televisión hasta quedar bizcos con tal de no aburrirse. Las mujeres ordenan todo lo que pueden y si les sobra tiempo se ponen a ordenar algo que ya está ordenado. Todos terminan estresados y cansados.

Cuánta gente se desespera al llegar las vacaciones o fines de semana largos porque le temen al tiempo sin obligaciones o tareas. Sin embargo, la buena nueva es que se puede vivir y ser feliz con estos tiempos de ocio: podemos, por ejemplo, tomar el sol, no para estar bronceados, sino para disfrutar de la calidez en nuestra piel, estar recostados en el sillón dormitando, caminar porque nos da una hermosa sensación de energía, no por llegar a algún lado o para adelgazar y estar vigorosos como exige la sociedad. No hay que tener miedo a disfrutar y a hacer cosas cuya única función sea brindarnos lindas sensaciones.

A mi juicio esta es una de las cosas que embellecen la vida.

“Confía en el tiempo, que suele dar dulces salidas a muchas amargas dificultades.”

Miguel de Cervantes Saavedra

Miedo al ridículo

"El miedo al ridículo es una actitud mental, un temor que se pierde en la medida que se aprende a reír uno de sí mismo."

Sigmund Freud

¿Nos cuesta asistir a eventos, levantar la mano para hacer una pregunta o mostrarnos tal cual somos? Pues bien, ese temor se denomina miedo al ridículo, una derivación del temor al rechazo.

Todos queremos ser aceptados, ser parte de un grupo y, por lo tanto, es muy común sentir angustia ante un posible repudio. Es decir, uno de nuestros mayores miedos culturales es el rechazo social, y se lo puede observar muy bien en el caso del pánico que sufren algunos cuando deben hablar en público. Pero resulta que el temor a que los demás nos juzguen mal o se burlen de nosotros en muchísimas oportunidades suele ser infundado, ya que en la mayoría de las ocasiones ese temor solo está en nuestra mente.

"¿Qué van a pensar de mí? ¿Qué haré si mis ideas no son buenas y creen que soy idiota?"

Estos diálogos interiores son habituales en personas que temen permanentemente al ridículo. Esta situación tal como comenté anteriormente nos perjudica en muchos sentidos: nos inmoviliza e interfiere seriamente en nuestra vida social. Entonces, ¿cuál podría ser la fórmula para romper con este miedo? Tal como dijo el propio Freud, tener la capacidad de reírse de uno mismo.

Por qué preocuparnos tanto por el qué dirán, por qué debemos depositar tantas expectativas en la opinión de los otros. Esto además de ser absurdo es molesto y pernicioso. Siempre retornamos a la autoestima. Cuando no nos sentimos fuertes y valiosos, cualquier opinión que hagan de nosotros, cualquier rechazo nos perturba, sentimos que no valemos. Los comentarios nos lastiman, las miradas extrañas nos generan inseguridad, los cuchicheos y las sonrisas creemos que están todas dirigidas hacia nosotros y con malicia.

Peto Menahem en su libro *Manual de antiayuda* con mucho humor refleja esta realidad:

Es una lástima que las revistas especializadas no hagan más listas, porque era una guía clara y conmovedora de cómo vivir. Estamos hablando de lo que está bien y lo que está mal. La eterna lucha. Qué ropa usar. Qué palabras ya no se usan más. A qué lugares hay-que-ir. En una palabra: lo importante es evitar el horror. ¿Y qué es el horror? ¿El nazismo? ¿El capitalismo salvaje y excluyente? ¿El comunismo dictatorial? ¿La pobreza? ¿La contaminación? NO. Esas son cosas que pasan. Que se ocupen los que se tienen que ocupar; nos tenemos que ocupar de otras cosas. ¡El horror es quedar como idiotas!

Por eso repito… ¡menos preocuparse por el qué dirán! Debemos aprender a reírnos de nuestros defectos y errores porque en todo este planeta no existe un solo ser humano perfecto. Todos y cada uno somos muestras insuperables de locura, desaciertos, falta de lógica, papelones, comentarios inoportunos y estupideces al por mayor.

Miedo a tomar decisiones

Todos los días tomamos pequeñas y grandes decisiones, unas más importantes o con mayores consecuencias que otras. Cada mañana decidimos levantarnos, a pesar de lo cómoda que es la cama, bañarnos, vestirnos y salir a trabajar. No parece una decisión porque es un mecanismo bastante automático pero se trata de una decisión. Almorzar dentro o fuera de la oficina, ensalada o carnes, con agua mineral o un zumo también son decisiones.

Pero digamos que el problema se presenta cuando surge esa creencia irracional de que las alternativas que tenemos son desastrosas o terribles. Es decir, si en vez de considerar que una decisión puede tener consecuencias interesantes o sin grandes repercusiones creemos que el resultado puede ser algo espantoso, entonces allí aparece en escena la indecisión.

Si bien en cada decisión está el germen de nuestro futuro, no significa que sea algo que se deba tomar a la tremenda ya que pensado con ideas catastróficas sólo consigue paralizarnos. Generalmente, son las personalidades tímidas e inseguras, las que presentan este problema. Y son ellas las que suelen consultar qué hacer, con vecinos, pareja, familiares, con quien sea con tal de no arriesgarse, ya que se les hace insoportable la responsabilidad de su propia vida. Si se fracasa en una decisión, la culpa fue de Pedro, de María, de Juan… que recomendaron tal o cual cosa, pero nunca de ellos.

También están aquellos a quienes, aterrados ante la idea de decidir, postergan indefinidamente tal acción porque nunca les parece suficiente el tiempo invertido en la reflexión. Cuando creen haber tomado un camino correcto les surge inmediatamente otro que lo anula y así siguen hasta la eternidad. Tanto temen equivocarse que prefieren esquivar el problema por siempre.

Lo que les sugiero no es actuar irreflexivamente y arriesgarse sin medir ningún tipo de consecuencias sino animarse a aventurarse un poco, a equivocarse, a pensar no tan drásticamente sino en términos más benévolos como "estas opciones que tengo quizá no sean las mejores pero tampoco me moriré si me decido por una de ellas", en tal caso, más dañino es enquistarme en la irresolución.

Siempre hay que animarse (insisto, no como un loco), decidir, emprender. La vida es una aventura sin garantías, pero esta aventura podrá ser divertida o monótona según con los lentes que la miremos y los pasos que demos.

Miedo a las críticas

Hay un chiste muy famoso que habla sobre el miedo a la crítica:

"Un hombre tenía un perro al que le daba de comer todas sus sobras, unas personas al ver esto le dicen: '¡Vergüenza debería darle! ¡Pobre perro que solo come lo que le sobra a su miserable dueño!'. Al día siguiente, este pone en el plato del animal un rico manjar, cuando de pronto unas personas exclaman: '¡Vergüenza debería darle... con tantos niños desnutridos y usted dándole alimentos de tamaña exquisitez!'. Cansado de las críticas, lo ven, más tarde, tratando de darle dinero al perro. La gente entonces se detiene y le pregunta que está haciendo. Él responde:

'Le doy dinero para que vaya al mercado y se compre lo que quiera'."

Cuántos seres humanos se hallan profundamente afectados y condicionados por las críticas. Obviamente, esta reacción tiene mucho que ver, nuevamente, con la autoestima. Por lo general, este tipo de personas (me refiero a las altamente afectadas por las críticas, porque en líneas generales todos somos quizá un poco sensibles a ellas) están convencidas que valen poco y entonces cualquier comentario que reciban (aunque sea bueno) solo confirmará esta creencia. Es decir, que si "su filtro de percepción es que son inferiores y valen poco, cualquier cosa que les digan pasará por este filtro y, por lo tanto, será interpretada como opinión negativa". Cualquier comentario no hace otra cosa que confirmar lo que pensamos de nosotros mismos.

Lamentablemente esta hipersensibilidad hace que la persona se ofenda rápidamente y reaccione de manera exagerada ante los comentarios sobre su persona. Por lo cual vive desairada y enojada con su prójimo. Dice... "¡Caramba qué mal piensa la gente de mí!", cuando en realidad es ella quien piensa mal de ella misma.

Por eso se hace tan necesario aprender a interpretar bien lo que nos dicen y no ofuscarnos tan rápidamente. El orgullo en estos casos es el peor enemigo, porque encima de la mala interpretación aparece el enojo y la pelea. Pero hay una forma de evitar este problema, y es pensando que una crítica no nos define; tan solo puntualiza una acción nuestra o alguna cualidad, no nuestra totalidad.

Analicemos este tema con un ejemplo:

Francisco llega a la oficina y su jefe le dice: "Este informe que me dejaste ayer en mi escritorio no sirve, está mal hecho, últimamente estás trabajando mal". Aquí podríamos mencionar tres reacciones posibles: a) Francisco se entristece, deprime, se castiga, se siente abatido, inútil, ineficaz. b) Francisco se enoja, se pelea con su jefe, sin ni siquiera ver cuánta razón hay en ese comentario y sin medir consecuencias. c) Francisco indaga (sin sentirse mal o considerarse incapaz) si realmente su jefe tiene razón, ve de qué manera puede mejorar y finalmente toma este episodio como un momento en que aprendió algo y sigue con su vida normalmente.

Se habrán imaginado que la última opción es la que corresponde a una autoestima sana, a una persona que acepta que no es perfecta y puede cometer errores y una crítica solo es una manera de mejorar.

Si lo recuerdan cuando hablamos de las exageraciones, el problema de muchas personas es magnificar los problemas, darle una dimensión muchísimo más grande de la que tiene y allí radica el gran error.

Una crítica puede caernos bien o mal, puede ser para favorecernos o hacernos daño, pero no deja de ser un comentario, así solito… un comentario, que visto tan solo como eso, no merece mayor cuidado. Si nos es útil, lo tomamos y aprendemos, si no, debemos olvidarlo y no darle importancia.

Por otro lado, es fácil entender que no hay manera de que todo el mundo piense de forma positiva sobre uno mismo. Hagamos lo que hagamos jamás tendremos una aprobación completa. ¿Por otro lado, necesitamos tanta aprobación? ¡Por supuesto que NO! Tanto afán por agradar al mundo es decepcionante, porque actuamos pensando en función de lo que puede agradar a los demás y en ese acto perdemos lo que somos y queremos.

Nuestra felicidad no debe depender jamás de la opinión ajena porque nos resta autonomía y capacidad de evolucionar. La vida es prueba y error y a veces el error implica crítica y desaprobación. Pero no nos habremos amedrentado, en cambio, nos animamos a probar y con ello recibimos un regalo maravilloso: conocimientos nuevos. Nadie debe depender de la mirada ajena; la vida es breve y hay que aprovecharla como venga.

El anciano y el niño

Una vez viajaban por un camino un hombre, un burro y un niño montado en él. Unos transeúntes los vieron pasar y dijeron: "Que chico tan poco considerado, dejar que un anciano camine bajo este inclemente sol". Entonces el chico bajó del burro y el padre tomó su lugar. Al llegar a otro pueblo, las personas, comentaron: "Que hombre tan poco consciente, dejando que un niño camine bajo este inclemente sol". Subió, pues, el chico junto al padre. Al poco tiempo, otro grupo, al verlos pasar, dijeron en voz alta: "Pero que gente tan cruel, cansando así a ese pobre burro, bajo este inclemente sol". Bajaron entonces el hijo y el padre y caminaron al lado del burro. Unos minutos más tarde, un caminante al verlos pasar, dejó escapar una carcajada y luego dijo: "¡Pero qué tontos, caminando al lado del burro en vez de montarlo bajo este inclemente sol!".

Cuento popular indio

Acerca de cómo te relacionas con la gente

"No he venido a este mundo a cumplir tus expectativas. No has venido a este mundo a cumplir mis expectativas. Yo hago lo que hago. Tú haces lo que haces. Yo soy yo, un ser completo aún con mis carencias. Tu eres tú, un ser completo aún con tus carencias. Si nos encontramos y nos aceptamos, si nos aceptamos y nos respetamos, si somos capaces de no cuestionar nuestras diferencias y de celebrar juntos nuestros misterios, podremos caminar el uno junto al otro; ser mutua y respetuosa, sagrada y amorosa compañía en nuestro camino. Si eso es posible puede ser maravilloso".

Fritz Perls

"La base y sostén" de toda relación es la aceptación del otro sin juzgar. Recordemos esto. Casi todos creemos que en una relación, ya sea de amistad, familiar o en la pareja, ese lazo nos da derecho a esperar determinadas cosas del otro. Esperamos de los padres que estén pendientes de nuestras necesidades, que nuestros hijos nos respeten en todo momento ("yo soy su madre, y debe respetarme, aunque esté equivocada"), que la compañera o compañero no solo nos ayuden en todo momento sino que imaginen (cual bruja con bola de cristal) todo lo que esperamos de ellos y que nuestras fantasías las hagan realidad. Sin embargo, no hay nada más errado que "esperar" del otro, exigirle al otro, demandarle al otro. Cada persona tiene fortalezas y debilidades y no reconocerlas es navegar directo al mar del fracaso.

- "Ella no quiere tener relaciones sexuales todas las veces que yo quiero, eso no está bien, no es justo."
- "Él no hace las tareas del hogar, me deja sola con ello, es justo que participe en la limpieza tanto como lo hago yo."
- "Mis padres deben consentirme, si deseo algo me lo deben comprar, para eso están los padres."
- "No me escucha, cuando tengo un problema se mete en una burbuja y se aísla del mundo. Su deber como amigo es ayudarme."
- "¿Por qué no cambia, acaso no se da cuenta que no está haciendo las cosas bien?"
- "Él es poco cariñoso y en una pareja no pueden faltar las demostraciones de cariño."
- "Nunca se acuerda de mi cumpleaños."
- "Cuando la necesito siempre está ocupada."
- "Yo lo ayudé, ahora que lo necesito yo se hace el desentendido."

Todos, ciertamente, poseemos necesidades y deseos, todos, también, tenemos derechos y, obviamente, todos, como personas maduras, debemos entender que no todos están en posición o tienen la capacidad de cumplir nuestras expectativas. Por eso es tan importante la aceptación del otro basada en la comprensión, madurez y empatía. No estoy diciendo soportar malos tratos y atropellos. Atención. Solo digo que antes de juzgar a alguien, antes de reaccionar mal y pelearnos, es importante sopesar ante quien estamos, valorar sus buenas cualidades, ponernos en sus zapatos y analizar si sus malas cualidades son tan perjudiciales para nosotros.

Otro punto a tener en cuenta es que no existe la perfección por lo que no tenemos derecho a exigir tal condición del otro o de nosotros mismos. Hay que amarnos y amar a los demás sin poner condiciones o reglas. Se trata de amar a pesar de...

En cuanto a la pareja, aquí podemos agregar algunas cosas más que pienso son fundamentales. No sirve, insisto, no sirve pensar en términos de sacrificios, es decir, hacer cosas por el otro a costa de nuestra propia salud y bienestar. Está bien ayudar, asistir y acompañar en tanto y en cuanto no ponga en peligro nuestra vida plena y feliz.

No aguanto más, su vida es un desastre completo, es inestable emocionalmente, no responde bien, lo pierde todo, pelea en todo momento, no puede resolver nada, muchas veces me falta el respeto, tiene mucha mala "vibración" encima, nada le viene bien, a todo le encuentra el lado negativo. Pero no la puedo dejar, me necesita, no puedo abandonarla, me estoy dañando pero no puedo dejarla así a la deriva.

Situaciones como estas son insostenibles. Es hermoso querer ayudar a una persona, brindarle cariño y nuestra fuerza para que siga andando pero en tanto y en cuanto no comprometa nuestra integridad física y psíquica. Por otro lado es fundamental en todos los órdenes de la vida el diálogo, la negociación y el abandono de la queja, veamos por qué.

Cuando magnificamos los problemas y la queja, centramos nuestra atención sólo en los aspectos negativos, nos ubicamos en el ámbito de las demandas, los reproches, las broncas y los resentimientos. Cualquier circunstancia que podría considerarse buena, sencillamente no se toma en cuenta. Entonces sucede algo especialmente perjudicial para la pareja… cuando ambos se hallan anquilosados en ese aspecto negativo de la vida, se tornan tercos, duros, poco receptivos y pendientes siempre de errores ajenos.

¿Qué puede suceder bajo estas circunstancias? Sólo peleas y problemas.

Por esto es tan importante el diálogo y la negociación. Es vital hablar con el otro, manifestar con amor y respeto nuestros deseos y necesidades y estar abiertos a sus deseos y necesidades. Pactar y repactar tantas veces como sea necesario.

Llegar a un acuerdo.

"Okey, no te gusta limpiar la casa, te fastidia, pero lo cierto es que te gusta vivir en un lugar limpio y aseado. He intentado en reiteradas oportunidades hacerte entender que no puedo sola con todas las tareas del hogar que hay que realizar, y nada. Pues bien, ¿qué te parece si tú te dedicas a cocinar, hacer las compras y tender la ropa y yo limpio la casa? Porque yo detesto cocinar y comprar. ¿Te parece?"

Con este ejemplo lo que quiero mostrar es que es posible llegar a acuerdos para mejorar la convivencia y no estar peleando todo el tiempo sobre quién tiene razón y quién hace más o menos.

A su vez el podría responder…

"Me parece bien lo de las compras y la cocina, pero te cambio el tender la ropa por el llevar los chicos al taller de pintura."

Y así sigue la negociación.

Repasemos:

- Negociación
- Empatía
- Diálogo
- No exagerar los problemas
- Terminar con las quejas
- El respeto por las cualidades del otro

Son fundamentales en absolutamente todas las relaciones.

No exponerse demasiado

Dado que todos los días debemos hacer un pequeño esfuerzo para sostener la armonía y la felicidad en la vida diaria, no es positivo engancharse en la "mala onda" de quienes nos rodean. Y por tal motivo se hace necesario poner un filtro para preservarnos.

Para conservar la tranquilidad y el equilibrio es necesario frenar las ajenas y, con suerte, si el otro está dispuesto, también podemos cambiarle el punto de vista para que vea las cosas de una manera más optimista.

En muchas ocasiones se hace necesario poner un escudo para detener el avance de nerviosismos y problemas de la gente que nos rodea. No digo adoptar una posición absolutamente egoísta, sino de cuidado y respeto por la paz de uno mismo.

Cuando alguien se nos acerca con energía negativa, malos modales, arrebato, violencia, es mejor retirarse o sencillamente decirle al otro que no queremos engancharnos en esa intolerancia y problemática que nos hace daño. Si le gusta o no, será su problema. A veces estas situaciones se pueden subsanar acotando un poco de humor… Los chistes y las bromas suelen ser una especie de Deux ex machina cuando una situación se torna pesada.

Por eso, cuando estamos ante a una persona atrapada en la negatividad y la locura temporal se hace necesario tirar un balde de agua fría a la situación, cambiar de tema, hablar de otras cuestiones. Jamás, pero jamás, si es que no se quiere perder la paz, se debe mantener una conversación desde la ira, la violencia y el pesimismo. De allí nunca sale nada bueno. En realidad, más que comunicación es una incomunicación molesta. Si nos dirigimos a otro para hablar de lo mal que está todo, ¿qué puede salir en claro de esa conversación? Pues que todo es un desastre. Depresión garantizada. Si, en cambio, con respeto y alegría se habla de los temas que interesan pero haciendo un anclaje también en lo positivo y rescatable, seguro que sacaremos buenas conclusiones y nuestra conversación habrá sido provechosa y feliz.

Desechar la energía negativa

Qué día más espantoso -le dice Juan a Marcelo- es insoportable, los precios suben, los transportes no funcionan, mi jefe me tiene loco, mis hijos me traen malas nota, todo me sale mal y la gente es horrible. Y tú... que vives como en una nube... ¿acaso no te das cuenta que el mundo se va al infierno y tú sigues con ese rostro de "aquí no pasa nada?

Marcelo, por lo menos ese día, se había levantado bien, contento. Desde hacía buen tiempo que no tenía problemas, estaba tranquilo en una palabra. Pero Marcelo que, a diferencia de otros que se hubieran enganchado en este pesimismo, quería seguir contento y en paz consigo mismo, sale a su encuentro con una nota de humor, un chiste que lo descoloca y ese giro inesperado, que sorprende a Juan, lo desconcierta, lo hace reír y lo cambia de eje, de carril. Ambos, luego, continúan la charla, pero desde otro ángulo... desde el humor y la sonrisas.

Gentileza en vez de imposición

Tratar de imponerse al otro, digámoslo de una vez y para siempre, sólo genera más resistencia. Jamás arroja buenos resultados, y lo digo por experiencia.

Muchos hablan de emplear la seducción para llevar al otro a su terreno, pero no creo que sea la manera buena o correcta, porque de alguna manera tiene el perfume del engaño.

Cuando de una pareja, amigo o familiar, deseamos algo, lo ideal es pedirlo con amabilidad, con respeto, y si se quiere con cierto encanto, pero nunca con prepotencia o engaños, porque no está bien querer manipular a las personas con artimañas o violencia.

Decir: "por favor", "gracias", "¿podrías ayudarme?", "te necesito", "¿me echas una mano que solo no puedo?". Son las palabras indicadas para dirigirse al otro.

Reproches, echar en cara favores hechos, gritos, nada de eso es positivo. Tampoco es bueno pensar en términos de justicia, esto es, "si yo ayudé a Juan a pintar su casa, es justo que ahora que yo lo necesito él me ayude". Y sí, sería justo, pero no es obligatorio. La justicia es un término muy ambiguo, hasta jueces y abogados tienen problemas con su definición, y, en última instancia, lo que es justo para mí puede que no lo sea para el otro. Con lo cual retorno al punto de partida, solicitar y pedir amablemente, y si de esa manera no funciona, tendremos que buscar la forma de pedir a otra persona o hacerlo nosotros mismos, sin enojarnos. Jamás hay que olvidar que el otro tiene limitaciones y no tiene por qué estar dispuesto a hacer lo que le pedimos.

La apuesta del Sol y del viento

Cuentan que mientras un viajero iba por su camino, el Sol y el Viento lo hicieron el blanco de una apuesta: habría vencido quien hubiese logrado primero quitarle el abrigo.

Empezó el Viento a soplar furiosamente, empujando montañas de nubes y remolinos de polvo; pero el viajero apretaba fuerte el abrigo para que no le volase por los aires, agarrándose de él con todas sus fuerzas.

Cuando el Viento se cansó y perdió toda esperanza de vencer, entonces el Sol empezó a descubrir su hermoso rostro de oro, calentando la tierra con sus rayos encendidos.

Enseguida el viajero, resoplando por el excesivo calor y sudando hasta la médula, para no ahogarse de calor, se quitó el abrigo.

Tuvo pues la victoria el que había usado las buenas maneras, y no el otro que pretendía vencer con la violencia y la furia…

Fábula de Esopo

Reconocer los propios límites

"Amigo mío: considera en primer lugar qué es lo que deseas y examina luego tu propia naturaleza para ver si posees la fuerza necesaria para llevar a cumplimiento tus deseos. ¿Quieres ser atleta? Pues mira tus brazos, palpa tus muslos, considera la robustez y resistencia de tus espaldas, que no todos hemos nacido para llevar a cabo las mismas empresas."

Epícteto

Uno de los grandes monstruos que asola al planeta es el maldito estrés o distrés, y nosotros lo creamos. Así como Viktor creó a su Frankenstein nosotros le dimos vida al estrés… y cómo nos tiraniza. Millones de personas con infarto, accidentes vasculares, nervios, taquicardia e hipertensión. Los laboratorios se han enriquecido hasta lo impensable con la venta de ansiolíticos, antidepresivos, aspirinas, analgésicos, comprimidos para dormir, grajeas para que algo se levante, gotas para parecer felices. Pastillas de todos los tamaños y colores disponibles para el gran público estresado, cansado, exigido e infeliz.

No queremos tomar conciencia de nuestros límites, ya sean físicos como mentales. Forzamos la máquina porque "así debe ser". No debemos equivocarnos, no debemos fracasar, no debemos rendirnos, no podemos cansarnos. Nunca tenemos suficiente y nunca damos lo suficiente, por eso hay que seguir hasta extenuarnos.

La verdad es que espantoso vivir así. En algún momento hay que pisar el freno y reconocer que esa no es vida. Los objetos, las casas, los coches, el lujo, el dinero, cierto es que nos pueden hacer más agradable la vida, en tanto y en cuanto no comprometan nuestra paz y felicidad.

También es bueno reconocer que no somos todopoderosos y es posible cansarnos, equivocarnos o no querer seguir luchando por lo que la sociedad exige como norma de éxito.

Paremos. Aflojemos las exigencias. Respiremos hondo. Repasemos nuestra lista de prioridades. Vivamos más relajados.

Y ganarás el pan con el sudor de tu frente

"El mundo capitalista es locura e inversión: los valores humanos generales (...) han sido invertidos y lo verdadero aparece como falso, lo lógico como lo ilógico, lo racional como irracional, la cordura como su contrario y a la inversa."

Contra la cultura del trabajo, *de Eduardo Sartelli*

Estaba leyendo el otro día *El derecho a la pereza* de Paul Lafargue que para mí es un libro maravilloso porque nos hace abrir los ojos ante esa locura que es producir, ser exitosos, no descansar, ganar y ganar. Me gustaría recomendarles su lectura ya que es un texto indispensable para luchar contra esa idea absurda de que el trabajo es el único fin en la vida. Hay un párrafo que llama especialmente la atención... dice: "No se trata de que la vida fuera sólo una fiesta, incluso el trabajo puede ser interesante en pequeñas dosis y con el fin de procurar la pereza". ¿Interesante postura, no? Esta lectura sale a raíz del tema de la autoexigencia y estrés laboral del que veníamos hablando.

Se ha vuelto tan importante para nosotros ganar dinero, comprar coches, electrodomésticos y propiedades que no toleramos la sola idea de pensar en disfrutar, divertirnos.

Trabajamos para comprarnos un televisor de muchas pulgadas y cuando lo tenemos, apenas lo disfrutamos porque ya nos ponemos a trabajar para comprar otro mayor.

Al vivir de esta manera se pierde el contacto saludable y relajado con los amigos y familia. No tenemos mucho tiempo para el disfrute y, por ende, vivimos con "los cables pelados". Pasamos más tiempo haciéndonos chequeos médicos que divirtiéndonos o sencillamente, como decía mi abuelo, "matando moscas".

Les dejo este cuento para que reflexionen extraído del libro *La brújula interior* de Àlex Rovira.

Un cuento sobre la sabiduría popular

Un hombre de negocios le hizo una sugerencia al pescador:

-Tengo un master en administración de empresas. Yo podría ayudarle a convertirse en una persona más exitosa. A partir de ahora, debe pasar más tiempo en el mar y tratar de atrapar tantos peces como sea posible. Cuando haya ahorrado el dinero suficiente, usted podría comprar un barco más grande y la captura de peces será mayor. Pronto será capaz de permitirse el lujo de comprar más barcos, creando su propia empresa, su propia planta de producción de alimentos en conserva y red de

distribución. Para entonces, se habrá marchado de este pueblo y de Sao Paulo, donde podrá contratar a un gerente para administrar sus empresas.
El pescador respondió: -¿Y después de eso?
El empresario respondió, con una sonrisa en la cara: -Después de eso, podrá vivir como un rey en su propia casa, y cuando sea el momento adecuado, puede presentar sus acciones en la bolsa de valores, y usted será rico.
A lo que respondió el pescador: -¿Y después de eso?
El empresario añadió: -¡Después de eso, usted puede finalmente retirarse, puede mudarse a una casa en el pueblo de pescadores, se despierta temprano en la mañana, pesca unos pocos peces, a continuación, vuelve a casa para jugar con los niños, tomarse una siesta agradable por la tarde con su esposa, y cuando llegue la noche, puede unirse a sus amigos para tomar una copa, tocar la guitarra, cantar y bailar toda la noche!
El pescador quedó perplejo y respondió: -¿No es eso lo que estoy haciendo ahora?

Compro, luego existo

"La publicidad nos tiene persiguiendo coches y ropa, trabajando de lo que odiamos para poder comprar porquerías que no necesitamos."

Tyler Durden, personaje interpretado por Brad Pitt en El club de la lucha.

Una pregunta para ti, amigo y amiga: ¿Tomaste en cuenta, alguna vez, la cantidad de tiempo que debiste trabajar y el descanso al que renunciaste para comprarte tantas cosas que en definitiva son tan poco necesarias? Seguro que no.

Mi madre y mi abuela me siguen contando aún que no existía en su época el concepto *shopping*, esos megacentros comerciales que ofrecen un ambiente absolutamente artificial y en donde venden desde una flor hasta una parcela en el campo.

Antiguamente, la gente se compraba un par de zapatos cuando los precisaba porque los anteriores ya no podían remendarse más. De hecho era muy normal que la ropa la confeccionase una abuela o una tía en vez de salir de compras. Entonces... si bien se adquirían bienes y servicios, era algo medido y concreto.

Sin embargo, desde hace unos pocos años, con la revolución, no industrial, sino tecnológica, y el avance despiadado del consumismo, todo cambió. Las costureras familiares ya casi no existen porque ahora la ropa se confecciona temporada a temporada y se compra en tiendas que por ponerle una etiqueta de marca la cobran el triple de lo que valen. Sin embargo, la compramos porque esa etiqueta garantiza prestigio y estatus, los barrios son destruidos para construir ratoneras modernas.

Esas viejas casas donde antes vivían familias enteras ahora se transformaron en barrios prestigiosos donde la gente con su individualismo a ultranza ya no desea compartir su espacio. Prefieren estar solos aunque sea en su metro cuadrado. La fisonomía de un barrio y los vecinos se mantenía por años, el sentimiento de pertenencia no se perdía, pero ahora, ese espacio se llena de desconocidos, edificios y comercios. El lema actual es que hay que tomar un espacio y hacer que rinda al máximo.

Y con este panorama nosotros también debemos rendir al máximo porque si queremos tener prestigio y demostrar que somos fuertes y capaces debemos tener coches, techo e ir siempre a la última aunque no se necesite nada. ¿Nunca se pusieron a mirar esas megatiendas dentro de los centros comerciales que venden cualquier tipo de cosas y a precios exorbitantes? Gente que iba con la idea de comprarse una estufa para el invierno, sale de allí con un jarrón de vidrio, flores artificiales, dos toallas, una carretilla y diez almohadones. Ergo, a reventar en el trabajo haciendo horas extras para pagar la tarjeta de crédito. Otro gran engaño... una invención (fabulosa para los empresarios de las tarjetas y los bancos, demoledor para los que la usan) que su única función es endeudarnos para que no podamos escapar de la compleja maquinaria de la producción y consumo.

¿Qué tal el panorama? ¿No les da ganas de tomar una tijera y cortar por lo sano? ¿No piensan que es mejor acudir a un almacén y comprar justo lo que se necesita en vez de comprar tres de esto, cuatro de aquello y seis de eso otro que, aunque no se necesite, lo compramos porque es una oferta única e imprescindible (lo que no dicen es que esa oferta es única e imprescindible para los dueños de esos supermercados que se llenan los bolsillos de oro)?

Es necesario reinventarse, trabajar para conseguir las cosas necesarias y aprender a vivir con lo imprescindible. El exceso no hace feliz a nadie.

En el diario *La Nación* del 2 de julio de 2007 se publicó un artículo con este título: "Del consumo al consumismo". De allí rescaté este párrafo, préstenle atención por favor:

"Entre el consumo y el consumismo hay, a veces, una delgada frontera. (...) El consumo es la vida en su adecuada y saludable conexión con lo que somos o con lo que necesitamos ser en cada coyuntura o en cada momento. O, en todo caso, con lo que aspiramos a ser en un futuro razonablemente cercano. El consumismo, en cambio, es el hijo dilecto de una fantasía que altera o distorsiona nuestra propia realidad o nuestra propia imagen, convirtiéndonos en esclavos, en un remedo de lo que somos o en la imagen de lo que nunca seremos."

La frustración

Y como un tema nos lleva a otro, la frustración no podía dejar de aparecer, sobre todo cuando se habla de consumismo, de exigencia, autoexigencia y estrés.

Hay un documental que pertenece a National Geographic Channel y cuyo título es *Cerebration*. En él se tratan todas las cuestiones relacionadas con el funcionamiento de nuestra mente, nuestras emociones, impulsos, reacciones. En una oportunidad, realizaron un experimento sobre la tolerancia a la frustración en niños y cómo incidía en su desarrollo. Colocaban a varios niños en diferentes salones y a todos se les daba en un plato una golosina. Le decían que debían contenerse y no comerla durante unos momentos. Si lo lograban, se ganarían otra golosina, si no, perderían y no ganarían nada.

Pues bien, los que se contuvieron y pudieron manejar bien la situación de tener una delicia delante de ellos sin tocarla para recibir una mayor recompensa fueron aquellos que tenían mejores rendimientos escolares, más amigos y mejor desarrollo social, porque demostraron un mejor manejo de la tolerancia a la frustración. En cambio, aquellos que se ofuscaron y no pudieron soportar la espera, no recibieron recompensa alguna. Entonces hablemos de los beneficios de esta tolerancia y cómo trabajar en ella.

La frustración es pues un sentimiento de impotencia frente a un deseo, una situación o expectativa que no se ha podido alcanzar. Si bien, sentirse frustrado "a veces" no es algo malo sino que se observa con bastante regularidad, en la forma de afrontarlo y en la cantidad de veces que se produce es donde yace el problema. A continuación, veremos ciertas pautas para manejarse mejor ante la frustración.

a) Reconocer nuestros límites. Comprender hasta dónde podemos llegar y no exigirse o tratar de pasar esa línea.
b) Reconocer los límites ajenos. Muchas veces la frustración se produce cuando depositamos demasiadas expectativas en otro y no aceptamos las limitaciones de aquel.
c) Aceptar la realidad, no manejarse con fantasías acerca de ella. Por ejemplo: es hermoso tener un coche nuevo, pero si la situación económica del país y la remuneración que yo recibo por mi trabajo no hacen posible su adquisición será fundamental no martirizarnos por esa idea, admitir que

hay variables que no puedo manejar y por eso no debo frustrarme.

d) El punto anterior nos lleva inmediatamente a extendernos sobre la cuestión de la flexibilidad mental, esto es, no ser rígidos en la manera de pensar, sino aceptar la posibilidad de cambios, de que hay variables inmutables para nosotros y no debemos castigarnos por ello, y que nuestros deseos y metas pueden modificarse si eso nos hace la vida más plena y mejor.

e) Aprender a pedir ayuda. Cuando uno se encuentra en una situación de la que no es fácil salir, el solicitar ayuda a amigos, familiares o pareja, una mano, una opinión puede hacer cambiar el punto de vista y el foco del problema.

f) Fundamental: reducir las expectativas. Es bueno tenerlas, pero no en exceso. Deben ser reales y coherentes con nosotros.

g) Aprender de los errores, no castigarse por ellos.

h) Cuando tracemos un plan es fundamental tomar en cuenta eventuales problemas que puedan aparecer, obstáculos que se puedan interponer. Si nos ponemos una meta con un camino recto e idealizado, en caso de aparecer contratiempos nos ocasionará disgustos.

i) Dejar de quejarnos. Se ha comprobado ampliamente que la queja no solo no resuelve los conflictos sino que los agrava, los magnifica. Mejor que quejarse es poner manos a la obra para solucionar o aceptar lo que pasó. No hablo de apatía, resignación o conformismo, sino que se tenga la suficiente sabiduría como para saber cuándo actuar y cuando callar, pero nunca quejarse.

“Las lágrimas más amargas que se derramarán sobre nuestra tumba serán las de las palabras no dichas y las de las obras inacabadas.”

Harriet Beecher Stowe

Respecto de las obligaciones

Tal como he venido hablando a lo largo de este libro, el tema de las "obligaciones" es un punto fundamental para debatir.

Está claro que yo usaría con mucha cautela esta palabra: Podría decir… debo alimentar a mis hijos, debo llevarlos al colegio, pero… ¿debo cumplir con los caprichos de los niños? ¿Debo acompañar a una amiga a hacer las compras navideñas? ¿Debo ponerle el hombro a Juan cuando se pelea con sus novias? ¿Debo estar siempre lista para cuando la familia me necesita? A las últimas preguntas yo respondería que no.

Uno debe ayudar, acompañar, escuchar, socorrer, sostener, pero en la medida de nuestras posibilidades y siempre y cuando lo queramos hacer, no por sensación de obligación o autosacrificio. El autosacrificio no sirve. Sí, en cambio, es válido hacer cosas porque a uno le gustan, le placen o le parecen interesantes.

"Hoy quiero estar con Silvina, porque su padre falleció y ella está destrozada. La quiero mucho a mi amiga y no quiero que le pase nada. Quiero ir a cuidarla." Sentir así es maravilloso y perfectamente válido.

Pero si en su lugar pensamos: "Ufff, qué horror, no tengo ganas de soportarla llorando, el padre murió y a mí no me gusta estar en los velatorios, sin embargo, voy a tener que estar aunque sea un rato con ella porque no debo hacerme la desentendida, en fin, paso un ratito y ya cumplí". A mi parecer no es correcto funcionar así, porque hacer las cosas "para quedar bien o porque sentimos obligación" no tiene sentido. Cuando operamos con sentimientos equivocados estamos desperdiciando nuestro tiempo y el de los otros.

Todo lo que hacemos tendría que ser por amor, por gusto, simpatía, por un tipo de lógica (como el de asistir al trabajo para poder mantener a la familia), pero si hacemos algo bajo el lema "no puedo hacerme el desentendido porque queda mal", "voy, cumplo y desaparezco", "debo ir a verlo porque el día de mañana puedo necesitar algo de él", "tengo que ayudarlo, sino quedaré mal delante de todos"... así no funciona.

Hablemos de la salud

A veces cuando uno la tiene no la valora y cuando aparece una enfermedad se da cuenta de lo valiosa que es. Acordamos, entonces, que la salud es importante.

Ahora bien, ¿se puede estar enfermo y aun así ser feliz? La respuesta es sí. Hasta el 2000 siempre había sido una persona con una salud excelente, pero a principios de ese año, algo sucedió; empecé con malestares generales, luego un cólico renal, problemas en las vías urinarias y pielonefritis. Nadie jamás pudo responderme cómo se originó el problema y tardé meses en recuperarme. De golpe, una persona como yo, acostumbrada a moverse para todos lados, a hacer gimnasia, adelgacé diez kilos, me costaba moverme, dormía todo el día, no toleraba bien los alimentos. Allí me di cuenta de lo tonto que había sido el hecho de nunca haber disfrutado plenamente de mi salud, sin embargo, algo me asombró. Me pareja y mis padres estaban a mi lado, me ayudaban y daban cariño, desde lo profundo de su corazón, con amor, y yo, a pesar de tener un físico con problemas, estaba contenta porque sentía su cercanía, sus cuidados. No hablo de obligaciones hacia el enfermo, sino que se notaba que ellos deseaban estar conmigo. Jugábamos a las cartas, contábamos chistes, me compraban revistas para cuando estaba sola en la cama. Digamos… no era la situación óptima, pero me refiero que, a pesar del malestar que tenía, igualmente podía sentirme bien y contenta. Aprendí a tejer y tuve tiempo para ponerme al día con varias lecturas.

La moraleja de esta historia es que a pesar de soportar una enfermedad física uno puede estar bien anímicamente. Insisto, no es divertido estar enfermo o saber que se tiene una enfermedad mortal, pero el tema es que se puede llevar no con amargura sino con la filosofía de disfrutar lo que se pueda y como se pueda.

Y así como he visto festejar la vida a pesar de la cercanía de la muerte, a menudo, muy a menudo, observo gente que se obsesiona hasta tal punto con la salud, que termina enfermándose. A veces se trata de hipocondría, pero también hay una nueva moda, excesiva, del cuidado estético, la comida naturista, el uso de determinados productos para los cuidados corporales, consumo de agua mineral traída de no sé qué glaciar o río místico, dietas rigurosas, rutinas salvajes de ejercicio, etc. Por supuesto, todo esto deriva en enfermedad física o mental.

Tengamos siempre presente festejar la vida, apreciar nuestra salud y no adherirse a estas modas de cuerpos perfectos que sólo nos debilitan.

¡No tires la toalla! Motivémonos

"Nada hay que nos pueda impedir elevarnos y mejorarnos y nadie puede detener nuestro progreso, mas que nosotros mismos".

Thomas Hamblin

En reiteradas oportunidades solemos creer estar en un punto donde ya nada nos motiva. No existe nada o muy pocas cosas que nos llamen la atención, que nos den alegría, euforia, un deseo intenso, pasión. Sencillamente no hay nada. En esos casos, la gente suele acudir a sus recuerdos, pensar ¿cuándo fui feliz? ¿Qué hice para estar de esa manera? ¿Cómo puedo volver a ese punto? Y lejos de hallar una solución se amargan porque saben que no podrán repetir esas historias que ocurrieron en el pasado, ni recuperar la juventud, ni estar en esas reuniones con compañeros de colegio jugando, ya está, ya pasó…

La palabra motivación significa tener una razón o deseo que nos lleve a actuar. Y ese deseo no debe consistir en retornar a ese "todo tiempo pasado fue mejor", sino centrarse en el día, en el momento exacto en el que se está viviendo y ver cómo a partir de allí podemos hallar ese motor que nos impulse hacia nuestra felicidad.

Y ese deseo debe tener suficiente intensidad como para

no abandonar en la mitad del camino, porque si hay algo en el que insistí en todo el libro es en el esfuerzo y férrea voluntad… así funcionan las cosas.

Otro punto importante para tener en cuenta es que cuando uno se propone metas deben ser la que nosotros deseamos, no lo que exige la sociedad o lo que nos pide una persona importante de nuestra familia.

Cuántos padres, por ejemplo, obligan a sus hijos a que sigan las mismas carreras que ellos hicieron o que continúen con un negocio familiar o que realicen los sueños que muchos de ellos no pudieron concretar en su propia vida. Por eso es tan importante investigar y establecer qué es lo que nos podría llegar a entusiasmar, embarcar en un proyecto y cómo concretarlo.

Al revés de lo que muchos piensan, la motivación no necesariamente debe ser ganar dinero, ser una persona poderosa, montar una empresa, ser famoso, etc. Por el contrario podría ser tener una vida con pocos ingresos pero tranquila, armoniosa, dedicarse al arte, tener un bello jardín, hacer un viaje…

tantos pueden ser los objetivos que brinden fuerza e ímpetu a nuestra vida...

Alfred Adler decía que todos somos seres orientados hacia un fin, esto es, que nos movemos con una intencionalidad a lo largo de la vida hacia metas que nos atraen. Estos objetivos o metas son los que nos motivan, son lo que se perciben y entienden como la mejor manera de sobrevivir y son lo que deseamos, anhelamos para conseguir la felicidad. Ahora bien, disponemos de dos fuentes básicas de motivación:

1) La que nace de nuestro interior.
2) La que surge del exterior.

Pero digamos que si bien todos creen que la principal motivación debe ser la exterior, premios, éxito y poder, es válido aclarar que nada de esto existe sin una motivación interior. Veamos, entonces, la actitud incorrecta:

- Plantearse metas inalcanzables.
- Depositar toda expectativa de felicidad en esa meta.
- Tomar como propias metas aquellas otras impuestas por otras personas o por la sociedad.
- O bien tomar como propias las metas de gente que es importante para nosotros, sin darnos cuenta que no es lo que nosotros deseamos.

¿Qué se puede hacer para lograr esa alegría y ganas de vivir que tanto anhelamos? No quedarse encerrado dando vuelta en los mismos pensamientos. Hay que salir a descubrir… hacer cursos, conocer gente nueva, salir a recorrer caminos nuevos, porque en el movimiento y en las nuevas experiencias se puede hallar lo que uno verdaderamente quiere. No estar todo el tiempo solos y mirándonos el ombligo, es muy valioso comunicarse con la gente, vincularse con ella porque eso enriquece la vida y puede proporcionar un nuevo sentido.

Recuerda: lo peor que puedes hacer es quedarte encerrado, recluido, apartado de la gente y pensando que lo mejor de tu vida ya pasó, que no hay nada nuevo bajo el sol, porque de hecho sí es posible hallar cosas que despierten tu interés.

Goethe decía: "Cualquier cosa que puedas hacer, o que sueñes que puedes hacer, comiénzala. La audacia lleva en su seno el genio, el poder y la magia".

“Autoaceptación quiere decir que la persona se acepta a sí misma plenamente y sin condiciones, tanto si se comporta como si no se comporta inteligente, correcta o competentemente, y tanto si los demás le conceden como si no le conceden su aprobación, su respeto y su amor.”

Albert Ellis

Autoestima

“Lo que una persona piensa de sí misma es lo que determina o indica su destino.”

Henry David Thoreau

En estos días, en que es tan común hablar de temas relacionados con la psicología, por ejemplo, nadie dice: ¡Ese chico, qué amor tiene por su madre! En vez de eso se dice:

"¡Qué complejo de Edipo tiene esa criatura!".

Si nos equivocamos, decimos: "¡Qué error!". En vez de mucho miedo, ahora tenemos fobia o trastornos de ansiedad, y cuando hablamos del valor que imaginamos que tenemos se habla de autoestima, complejo de inferioridad, complejo de superioridad. Son términos que manejamos a diario y cuya definición exacta no todos conocen; más bien, se sabe de oído.

La autoestima es un conjunto de pensamientos, percepciones y evaluaciones dirigidas hacia nosotros mismos. La sana autoestima implica quererse y querer sin juzgar y sin poner condiciones. Creer en nuestra valía, nuestras capacidades y aptitudes. Esa creencia en nosotros y los otros nos hace fuerte y seguros.

William James dijo que la distancia que existe entre lo que queremos ser (ideal) y lo que creemos ser es lo que define nuestra autoestima, y la manera de mejorar la autoestima es acortando la brecha entre ese ideal y nuestra propia realidad, porque eso afecta nuestra vida por completo. En realidad, habría que repasar cuál es ese ideal para adecuarlo a nuestras posibilidades.

Muchas personas se odian, se desprecian porque sienten profundamente que deberían ser de una determinada manera y al no conseguirlo se ven a sí mismos como seres de poco valor, lo cual desmejora notablemente su calidad de vida. Eligen mal, actúan mal, en síntesis, se convierten en sus peores enemigos. Ello se debe a que, a lo largo del desarrollo, y a lo largo de su vida, se alejaron de la autoconceptualización positiva, ya sea por influencia negativa de otras personas (padres, hermanos, familiares diversos, compañeros, maestros, profesores) o por la falta de comprensión y compasión por nosotros mismos. Y ojo... no son pocos los que tienen esta "incapacidad" de quererse incondicionalmente.

Una persona que se ama y cree en sí misma se siente bien, se plantea objetivos, puede disfrutar de la vida, en cambio, quien tiene problemas con su autoestima, todo le parece una tortura, un problema, la vida se le hace pesada e insoportable.

Según el psicoterapeuta canadiense Nathaniel Branden todas las personas son capaces de desarrollar autoestima positiva, la clave es la flexibilidad.

¿Recuerdan cuando hablé de flexibilidad mental, de estar abiertos a nuevas experiencias, conceptos y modos de ver las cosas? Esa es la receta para sanar la autoestima. Abrir nuestra mente a nuestras cualidades y defectos con amor y sin juzgar.

Merecer la felicidad

Es imposible la salud psicológica, a menos que lo esencial de la persona sea aceptado, y respetado. Una autoestima saludable, razonable, por decirlo de alguna manera, permite a las personas enfrentarse a la vida con mayor confianza y optimismo, y por ende, autorrealizarse.

Desarrollar ese amor y comprensión por uno es ofrecernos oportunidades y la posibilidad de ser felices y de sentirnos merecedores de esa felicidad. Tengamos en cuenta que cuando hablo de autoestima no me refiero a egoísmo, sino el contrario, amor a uno mismo pero también hacia quienes nos rodean puesto que ambas cosas ni se oponen ni se descartan mutuamente, sino que una no existe sin la otra.

A una persona con autoestima «dañada» cualquier estímulo exterior positivo sólo podrá ofrecerle un pequeño tiempo de comodidad, pero rápidamente lo perderá, ya que un halago material sólo le generará una efímera sensación de bienestar, porque la confianza y el respeto hacia uno mismo viene desde adentro, se crea y se alimenta desde nosotros y no desde fuera.

Sin embargo, la mayoría de las personas buscan ese amor y aceptación fuera de sí con lo cual desde el inicio están destinadas al fracaso. Nathaniel Branden, nos dice: «La autoestima se comprende mejor como una suerte de logro espiritual o mental, es decir, como una victoria en la evolución de la conciencia».

Es, por tanto, indispensable el autorreconocimiento, es decir, reconocer nuestras debilidades, habilidades, potencialidades, valorar lo bueno que hay en nosotros, aceptar esta realidad de lo que somos y cómo somos, sin castigarnos, sino con amor y respeto. Y superarnos, crecer, madurar cuando sea necesario.

Reforcemos nuestra confianza

"Yo siempre buscaba fuera de mí la fortaleza y la confianza, pero viene de dentro. Todo el tiempo ha estado allí."

Anna Freud

Podemos ser nuestro mejor aliado o peor enemigo y eso depende fundamentalmente de la confianza que depositemos en nosotros. Este es un elemento crucial para nuestro desarrollo. No quedan dudas al respecto. Porque quien cree en sus capacidades, su talento, su forma de ser, está mejor preparado ante el mundo, logra más fácilmente sus objetivos, posee relaciones más duraderas y fuertes y no vive estresado con pensamientos inducidos por el temor. La gran pregunta, entonces, es: ¿cómo podemos trabajar en esta confianza en nosotros?

Paso 1: Recuperar la confianza debe ser una labor diaria.
Es importante no dejarse llevar por la inercia; si uno desea sentirse más fuerte y seguro con sus convicciones e ideas es necesario día a día trabajar en ello.

Paso 2: Cumplir las promesas.
Un buen inicio es empezar por cumplir las promesas que nos hacemos y que hacemos a los demás. Pero, primero, las que nos hacemos. Si no podemos realizar lo que nos prometemos y comprometemos con nosotros mismos, ¿cómo podremos cumplir con los demás? Es imposible.

Un simple ejemplo es cuando decimos: "El lunes empiezo la dieta" o "este mes me apunto sí o sí al gimnasio", pero resulta que pasan los días y ni hacemos ejercicios y encima comemos como condenados. De este modo, vamos inculcándonos que cuando prometemos algo seguro no lo haremos con lo cual es una manera de perder respeto y fe en nosotros.

- "Prometo que me prepararé bien para el examen." Y nos vamos de juerga.
- "Nunca más permitiré que me maltrate de esta manera." Sin embargo, continuamos aceptando y tolerando la situación.

- "Le pediré un aumento de sueldo a mi jefe." Luego, aparece la inseguridad, el temor y la declaración se convierte en un triste recuerdo.
- "Mañana ordenaré esa ropa." Y la pila de ropa sigue aumentando hasta formar verdaderas columnas.
- "La semana que viene me haré los chequeos médicos"... Y pasan los días, semanas, meses sin saber si tenemos el colesterol por las nubes, la urea mal, una anemia galopante.
- "Te prometo que la semana que viene te llamo y quedamos para vernos."Y pasa el tiempo.

Esta manera de actuar no genera confianza... de ninguna manera.

Paso 3: Basta de excusas.

Pensemos en una bella y habitual lista de excusas... el famoso "dejemos para mañana lo que podamos hacer hoy".

- "El trabajo no lo hice mejor porque me pagan poco."
- "El próximo trimestre me apunto en el curso porque ahora estoy con muchas cosas en la cabeza."
- "Si me hubieras avisado antes, hubiera ido... ahora ya es tarde."
- "Me duele el pie y no puedo caminar mucho... nos vemos otro día."
- "Está lloviendo, mejor vamos otro día."
- "Yo te ayudaría si tú me ayudaras."

• "Yo sería más bueno contigo si tu fueras más buena conmigo."

La excusa no sirve, solo es un pretexto para posponer o evitar algo. Algo se hace o no, pero las evasivas son contraproducentes, socavan la confianza. Es preferible decir desde el inicio no a algo que no tenemos ganas de hacer antes de comprometernos y luego inventar una serie de problemas para no cumplir. Tengan siempre presente que la confianza es uno de los pilares del desarrollo personal.

> *"Tengo mi propia versión del optimismo. Si no puedo cruzar una puerta, cruzaré otra o haré otra puerta. Algo maravilloso vendrá, no importa lo oscuro que esté el presente."*
>
> *Rabindranath Tagore*

Paso 4: Tomar nota de nuestros aciertos.
Una buena forma de poner en forma nuestra confianza es anotando, haciendo una lista de aquellas cosas que hemos hecho bien, nuestros logros y aciertos... por pequeños que sean... eso nos fortalecerá, nos dará esperanza para seguir adelante. A veces tomar conciencia de nuestros aspectos positivos nos da vitalidad para arriesgarnos a tomar decisiones.

Optimismo

Concentrarse en lo que hicimos y poseemos y no en lo que nos falta.

Esta es la fórmula para fracasar en todos los aspectos de la vida: "Ser pesimistas todo el tiempo, contra viento y marea y no desistir de ello". Ese es el modo correcto para que nuestra vida sea un caos, una carga pesada que no se sabe a dónde llevar.

Bien sabemos que ser pesimista es anticipar negativamente cada hecho futuro, ya sea por temor a la desilusión, por temor a no poder enfrentar bien la frustración, por temor... Es decir, la base del pesimismo se halla arraigada profundamente en el miedo. Verán pues que cada aspecto negativo en nuestra vida señala directamente él. Asumir la vida con optimismo, en cambio, significa dar el salto, arriesgarse, asomarse a ese abismo que está dentro de nosotros y reírse de él. Porque es cierto que ese gran pozo en nuestro interior que está lleno de fantasmas, sustos, oscuridades, se puede iluminar.

Siempre repito... no está mal temer, el miedo es un mecanismo de defensa, pero cuando ese miedo se torna desproporcionado y distorsiona la realidad, hay que trabajar para darle el lugar y la forma que le corresponde.

Optimismo, pues, es tomar coraje. No importa si nuestra historia está marcada por momentos tristes. No debemos dejar de pensar que nuestra vida puede cambiar, puede tomar otros rumbos. Si pensamos que nuestro futuro será inevitablemente como nuestro pasado, nos predestinaremos para el fracaso.

Creo que la mayoría de los pesimistas vivieron una y otra vez experiencias que día tras día fueron forjando la idea de que la vida no es bella y que lo que les ocurrió en el pasado, seguirá repitiéndose en el futuro, pero esto no es ni más ni menos que una idea o creencia falsa. Se están obligando a reproducir una y otra vez el pasado.

Necedad sería no aprender de lo que hemos vivido, el pasado enseña, pero no debe determinar completamente el futuro, eso es fundamental. No podemos privarnos de pasar por ciertas experiencias porque quizá en el pasado no resultaron bien... hay que animarse y si no resulta, mala suerte, pero siempre hay que intentarlo. La vida es una lucha constante, un aprender constante, si nos quedamos solo con lo que hemos vivido para moldear el futuro, estamos perdidos, no estamos viviendo, estamos muriendo. Hay un famoso dicho que dice "para alcanzar algo que nunca has tenido, tendrás que hacer algo que nunca hiciste".

Asertividad

"La asertividad está diseñada para defenderse inteligentemente. Cuando la ponemos al servicio de fines nobles, la asertividad no sólo se convierte en un instrumento de salvaguardia personal, sino que nos dignifica."

Walter Riso

Podría decir que existen tres formas básicas que se emplean ante los conflictos: evadirse (por temor se esconde o escapa, lo cual genera frustración y debilitamiento de la autoestima), adoptar una conducta agresiva (aplicar la fuerza o violencia no es fortaleza sino debilidad y produce resentimiento) o razonar y exponer lo que se precisa y se piensa siempre con respeto y aceptación por la opinión del otro. A esta última la llamo postura asertiva.

La cuestión de la asertividad no es un descubrimiento reciente, de hecho, el entrenamiento para desarrollar una conducta asertiva fue una técnica que se elaboró en la década de los cincuenta.

Primero, aclaremos que la asertividad es una habilidad, una conducta. De allí que sea posible realizar un entrenamiento para mejorar esta habilidad.

Partamos de la base que todos somos diferentes, pero, también, iguales, iguales en cuanto a derechos, deseos, necesidades, de modo que el principio de la asertividad es manifestar lo que pensamos y sentimos y a la vez aceptar lo que piensa y siente el otro, sin agresividad, sin lucha.

Es importante poder manifestar nuestra opinión porque es vital respetarnos a nosotros mismos, pero siempre en el marco de la interacción y respeto por la opinión ajena.

El psicólogo clínico y profesor de terapia cognitiva, Walter Riso, en su libro *Entrenamiento asertivo*, define la conducta asertiva como: "Aquella conducta que permite a la persona expresar adecuadamente (sin distorsiones cognitivas o ansiedad y combinando los componentes verbales y no verbales de la manera más efectiva posible) oposición (decir no, expresar desacuerdos, hacer y recibir críticas, defender derechos y expresar en general sentimientos negativos) y afecto (dar y recibir elogios, expresar sentimientos positivos en general) de acuerdo con sus intereses y objetivos, respetando el derecho de los otros e intentando alcanzar la meta propuesta".

Las personas asertivas, entonces, tienen la capacidad de reconocer sus deseos y necesidades y expresarlas amablemente pero con firmeza a los demás, y a la vez están preparados para aceptar que ese otro tiene también sus pensamientos y puede disentir.

En cambio, las personas con conductas no asertivas son pasivas (no manifiestan lo que desean) o agresivas (tratan de imponerse sin escuchar las razones de los demás). No confundamos nunca ser asertivo con agresivo, ya que el segundo, a diferencia del primero no respeta, no escucha, es intolerante y si no se hace lo que desea se producen hechos violentos o subidos de tono.

Entonces, ten presente estas palabras de Riso: "Ni sumisión ni agresión: asertividad".

Un plan para toda la vida

Hasta aquí hemos visto una gran cantidad de temas relacionados con el crecimiento personal. La idea que quise transmitirles en todo momento es que no hay razón para vivir amargados, deprimidos o enojados con la existencia misma. Si hasta ahora vivimos de esa manera, no significa que debamos seguir así. Existen muchas herramientas y formas para que podamos dar ese salto tan necesario en nuestra calidad de vida. No somos seres desvalidos, por el contrario, poseemos condiciones para sentirnos mejor, solo que no todos desean tener la mente abierta y la vista agudizada para hallarlas.

Solemos sentirnos indefensos como niños sin darnos cuenta que en realidad a través de los años fuimos adquiriendo experiencia, sabiduría, fuerza, pero en vez de emplearlas las guardamos dobladitas prolijamente en un cofre bajo siete llaves.

Bueno... es hora de abrir ese arcón, revolverlo y sacar todos esos elementos tan necesarios para lograr ser felices. Amabilidad, conocimientos, precaución, coraje, experiencia, fortaleza, son algunas de las joyas que podemos encontrar allí, y parte de este crecimiento será aprender a utilizarlas en nuestro beneficio.

Basta de miedo, apatía, tristeza, hay mucho dentro nuestro como para explorar y aprovechar, no podemos dejar pasar la oportunidad que se nos presenta segundo a segundo.

Ciertamente, el pasado nos formó e influye en nuestro presente pero no puede dominarlo. Si bien con el tiempo formamos nuestra personalidad, nuestra forma de ser, no significa que sea algo inamovible e imperturbable, lo dije y lo sostengo, con esfuerzo, reflexión y dedicación es posible generar cambios que mejoren hagan sentir más plenos.

Nunca, jamás debemos bajar los brazos y pensar que ya está todo dicho en cuanto a nosotros se refiere, por el contrario, todo está por hacerse.

El elefante y la estaca

Cuando yo era un niño me encantaban los circos, y lo que más me gustaba eran los animales. Me llamaba poderosamente la atención el elefante. Después de su actuación, el elefante quedaba sujeto solamente por una cadena que aprisionaba una de sus patas a una pequeña estaca clavada en el suelo. Sin embargo, la estaca era un minúsculo pedazo de madera, apenas enterrado unos centímetros en la tierra. Y aunque la cadena era gruesa y poderosa, me parecía obvio que ese animal, capaz de arrancar un árbol de raíz con su propia fuerza, podría con facilidad arrancar la estaca y huir. ¿Qué lo mantiene? ¿Por qué no huye?

Cuando era un niño, pregunté a los grandes. Algunos de ellos me dijeron que el elefante no escapaba porque estaba amaestrado. Hice entonces, la pregunta obvia… - Si está amaestrado, ¿porqué lo encadenan? No recuerdo haber recibido ninguna respuesta coherente. Hace algunos años descubrí que alguien había sido lo suficientemente sabio como para encontrar la respuesta.

El elefante del circo no escapa porque ha estado atado a una estaca parecida desde que era muy, muy pequeño. En aquel momento, el elefantito empujó, tiró y sudó tratando de soltarse.

Y a pesar de todo su esfuerzo, no pudo.

La estaca, era ciertamente, muy fuerte para él. Juraría que se durmió agotado, y que al día siguiente volvió a intentar, y también el otro, y el que seguía… hasta que un día, un terrible día para su historia, el animal aceptó su impotencia y se resignó a su destino. Este elefante enorme y poderoso que vemos en el circo no escapa porque cree que no puede. Tiene el recuerdo de su impotencia, de aquella impotencia que sintió poco después de nacer. Y lo peor, es que jamás se ha vuelto a cuestionar seriamente si podía. Jamás…. jamás intentó poner a prueba su fuerza otra vez.

Y tú, ¿tienes algo de elefante? Cada uno de nosotros

somos un poco como ese elefante: vamos por el mundo atados a cientos de estacas que nos restan libertad. Vivimos creyendo que un montón de cosas "no podemos" simplemente porque alguna vez probamos y no pudimos. Grabamos en nuestro recuerdo: No puedo... No puedo y nunca podré. Muchos de nosotros crecimos portando ese mensaje que nos impusimos a nosotros mismos y nunca más lo volvimos a intentar. La única manera de saber, es intentar de nuevo poniendo en el intento todo tu corazón.

Rodrigo Dávila Soley

"Cualquiera puede llevar una vida amargada, pero amargarse la vida a propósito es un arte que se aprende."

Paul Valéry

Coherencia con lo que se dice y hace

Por favor, deténganse un minuto en este título. Léanlo varias veces. Les pido esto porque es fundamental.

Si están decididos a emprender esta nueva etapa es importante ser coherentes con ustedes mismos. No se planteen como meta algo irreal, fantasioso, sino objetivo y absolutamente compatible con ustedes. Cada uno tiene una personalidad, una forma de ser, características propias que hacen que seamos y nos comportemos de una manera y no de otra. ¿Podemos cambiar? Sí, es posible. ¿Podemos ser personas completa y absolutamente diferentes? No. En cambio, podemos tener aspiraciones a mejorar, podemos mejorar y transformar nuestra vida, pero siempre con lógica y respeto hacia nosotros mismos.

Recuerden las palabras de Epícteto: "Amigo mío: considera en primer lugar qué es lo que deseas y examina luego tu propia naturaleza para ver si posees la fuerza necesaria para llevar a cumplimiento tus deseos. ¿Quieres ser atleta? Pues mira tus brazos, palpa tus muslos, considera la robustez y resistencia de tus espaldas, que no todos hemos nacido para llevar a cabo las mismas empresas".

Un tropiezo no es una caída

Como palabras de despedida puedo decirles que tomen esta nueva etapa con mucha calma, no se extenúen, aprendan a manejar sus tiempos, sean más comprensivos y tolerantes con sus errores, no se castiguen. Sean gentiles con ustedes mismos, pero nunca desistan de esta decisión, y tengan en cuenta que para ganar una guerra se deben vencer batallas, pero no es necesario ganarlas todas. A veces se pierde, pero un tropiezo no es una caída.

Es posible que pongamos todo nuestro empeño en cambiar, en sentirnos mejor y más plenos, pero a veces, los viejos hábitos pueden irrumpir, y eso no debe desmoralizarnos. Por el contrario, nos debe impulsar a perseverar y esforzarnos para alcanzar lo que tanto anhelamos.

¿Y a ti quién te ata[2]?
Angustiado, el discípulo acudió a su instructor espiritual y le preguntó:
-¿Cómo puedo liberarme maestro?
El instructor contestó:
-Amigo mío, ¿quién te ata?

2- *101 Cuentos clásicos de la India*. Ed. de Ramiro Calle, Edaf, 2010.

333 MANERAS DE SER FELIZ
Brenda Barnaby

El nuevo libro de la celebrada autora del gran *best seller* internacional *Más allá de El Secreto* nos ofrece sus recetas de la felicidad.

Después de la serie El Secreto, Brenda Barnaby ha estado trabajando e investigando sobre la felicidad y cómo alcanzarla. Meses atrás publicó *Happy Stories*, un libro muy bien recibido que presenta historias reales que nos permiten descubrir fórmulas para lograr ese estado de paz interior, alegría y satisfacción que llamamos felicidad y con este libro, un recetario imprescindible, completa su propuesta para ser felices.

Decía Benjamin Franklin que la felicidad humana generalmente no se logra con grandes golpes de suerte, que pueden ocurrir pocas veces, sino con pequeñas cosas que ocurren todos los días. Este libro ofrece un sinfín de ideas y temas para reflexionar, para ver la vida desde otro ángulo y producir una transformación positiva en el alma de quien lo lea. Un regalo que ofrece maneras alternativas de pensar y de comportarse con el objetivo de alcanzar una vida plena, llena de esperanza y alegría.